"En este estudio interactivo, Me[...], con todas nuestras inseguridades, i[...] a las Escrituras, donde hallamos sa[...] orrección y, lo mejor de todo, gracia".

—Nancy Guthrie, autora de *One Year of Dinner Table Devotions and Discussion Starters*

"Durante los ajetreados días del embarazo, leer la Biblia puede resultar difícil. *Camine con Dios durante su maternidad* es una herramienta perfecta de estudios bíblicos orientados específicamente al corazón de las madres, que nos prepara, instruye y alienta en la Palabra de Dios. Leer las palabras de Melissa Kruger le dejará profundamente estimulada y animada, sin hacerla sentir agobiada".

—Trillia Newbell, autora de los libros *Fear and Faith: Finding the Peace Your Heart Craves* y *United: Captured by God's Vision for Diversity*

"Hablo con la autoridad de una madre que ha recorrido caminos que no llevan a ninguna parte. Las madres no necesitan buenos consejos para elegir el mejor camino en base a las mejores prácticas colaborativas. Lo que más necesitan es conocer y ser conocidas por aquel que dijo que es 'el camino, la verdad y la vida'. Este estudio bíblico es cristocéntrico e inspirador; aprovéchelo y sumérjase en las Escrituras con algunos de sus amigos".

—Gloria Furman, autora de los libros *Destellos de Gracia* y *Treasuring Christ When Your Hands Are Full*

"Este libro es como una extensa sesión de orientación dictada por una madre experimentada, que comparte afectuosamente su mundo y su amor por el Señor Jesús. Melissa Kruger nos cuenta cómo ha apoyado su papel de madre en las Escrituras, y alienta a otras madres a hacer lo mismo. A través de una serie de tópicos tanto prácticos como teológicos, mantiene su promesa de 'caminar junto a nosotras mientras caminamos con Dios durante nuestra maternidad'".

—Kathleen B. Nielson, directora de Iniciativas para la Mujer en la Gospel Coalition y autora del libro *Bible Study: Following the Ways of the Word*

"Este libro será como un salvavidas para aquellas madres primerizas que inician el camino en su nuevo llamado. Pero es igualmente importante para el resto las madres, e incluso las abuelas. Cada estudio diario utilizan pasajes sustanciales de las Escrituras y formula preguntas introspectivas que llevarán a las madres ocupadas a caminar con Dios en esos momentos terrenales. Con un enfoque particular en las riquezas de la Palabra de Dios, Melissa Kruger ayuda a las madres a tomar los retos de alimentación, educación, vacunación, etcétera, y convertirlos en algo mucho más importante: una vida definida por el glorioso llamado de Cristo y dependiente de este".

—MEGAN HILL, escritora para *Her.meneutics* y la Gospel Coalition, y miembro de la junta editorial de *Christianity Today*

"En Tito 2 se exhorta a las mujeres mayores a enseñar a las más jóvenes el amor por sus hijos. En este libro, Melissa Kruger obedece el mandato de Tito. Pero va más allá. Ella le ofrece a la iglesia un medio práctico y basado en el evangelio para que las mujeres mayores discipulen a las más jóvenes en el alto llamado de la maternidad".

—SUSAN HUNT, esposa de un pastor retirado, madre, abuela, y autora de varios libros para mujeres y niños

"¡Melissa Kruger es un extraño hallazgo, tanto como amiga y como mentora para las madres! En este estudio bíblico devocional, ella conduce a las madres a lo largo de once semanas de reflexiones diarias que llevarán a las madres dedicadas a confiar en Dios con todo su corazón. En el camino, comparte sabiduría y consejos de su propia experiencia. Presenta versículos clave que verdaderamente transforman los corazones tanto de las madres como de sus hijos. Recomiendo seriamente este estudio devocional como una lectura personal para todas las mamás y aquellas mujeres mayores que deseen guiar a las madres más jóvenes".

—MARGARET KÖSTENBERGER, teóloga, profesora de estudios para la mujer en el Seminario Teológico Bautista del Sureste y coautora del libro *God's Design for Man and Woman: A Biblical-Theological Survey*

"¡Que meditación tan práctica y personal de la Palabra de Dios! Me encanta este cuidadoso y profundo estudio de los frutos del Espíritu aplicados a la maternidad. Este libro es extraordinario para el estudio personal, o mejor aún, con otras mujeres que se encuentren en diferentes etapas de la maternidad".

—KRISTIE ANYABWILE, esposa de un pastor fundador de iglesias, madre de tres hijos y discipuladora de mujeres

"Sabiduría bíblica oportuna y rica teología devocional de una autora, colega, amiga (¡y madre!) en quien confío. *Camine con Dios durante su maternidad* será un verdadero estímulo para aquellas creyentes que se encuentren en medio de (o en el umbral de) la exigente etapa de la maternidad. Y, francamente, los papás deberían leer y aprender de él también".

—LIGON DUNCAN, rector y director del Seminario Teológico Reformado

Camine con Dios

durante su

MATERNIDAD

Camine con Dios

durante su

MATERNIDAD

Melissa B. Kruger

CASA
CREACIÓN

Traducido por: Ernesto Giménez
Director de diseño: Justin Evans
Diseño de la portada: Lisa Rae McClure

Originally published in English under the title:
Walking with God in the Season of Motherhood by Melissa B. Kruger
Copyright © 2015 by Melissa Kruger
Published by WaterBrook Press
An imprint of The Crown Publishing Group
A division of Penguin Random House LLC
12265 Oracle Boulevard, Suite 200
Colorado Springs, Colorado 80921 USA

International rights contracted through:
Gospel Literature International
P.O. Box 4060, Ontario, California 91761 USA

This translation published by arrangement with WaterBrook Press,
an imprint of The Crown Publishing Group, a division of Penguin
Random House LLC

Library of Congress Control Number: 2016930790
ISBN: 978-1-62998-858-0
E-book: 978-1-62998-889-4

Impreso en los Estados Unidos de América
16 17 18 19 20 * 5 4 3 2 1

Para Angela:
Jack y Caleb son bendecidos de tenerte como madre.
Y yo soy bendecida de tenerte como amiga.
Y para mis padres, Bob y Anita Bryan:
Gracias por hacer de nuestro hogar un lugar tan maravilloso.

Contenido

✵ Agradecimientos ✵

Al finalizar este libro, mi corazón está lleno de agradecimiento. El Señor me ha encontrado de muchas tiernas maneras durante este viaje y una vez más me ha mostrado lo que Él es capaz de hacer mucho más de lo que yo pueda pedir o imaginar.

El Señor me rodeó de amigos que me alentaron mientras escribía. Catriona Anderson leyó cada página fielmente y me dio comentarios positivos, así como útiles consejos de edición. Erica Crumpler cuidó de mis hijos más veces de las que puedo enumerar y muchas veces me ayudó a recordar los detalles que solía olvidar. Wallace Barnes, Anne Rogers, Chris Vaughn, y Shanna Davis alimentaron a mi familia. Tracy Thornton, Kate Stewart, Lisa Marie Ferguson, Kimberly Curlin, Peggy Chapman, Macon Collins, Dottie Bryan, Ashley Mink, Kristin Macurda, Heather Jones, y Beth Herring oraron fielmente por este proyecto. El Sr. y la Sra. Yates me dieron la bienvenida en su hogar y me obsequiaron una hermosa vista para disfrutar mientras escribía. Las damas del estudio bíblico de los miércoles en la mañana se tomaron un tiempo para analizar este libro conmigo y alentarme con sus comentarios.

Estoy agradecida por la amistad y las oraciones de ánimo de Megan Hill, Gloria Furman, y todas las damas del grupo de *Mujeres que escriben cosas*. He sido bendecida con su fidelidad de tomar papel y lápiz para escribir. Además, estoy agradecida por las oraciones de mis compañeros miembros de la *Uptown Church* y las damas de nuestro equipo de *Mujeres que cuidan*. Es un privilegio trabajar con cada uno de ellos.

Estoy en deuda con Robert y Bobbie Wolgemuth por creer en este libro y por su ayuda para publicarlo. Su gozo en el Señor en medio de tantas situaciones es un bello ejemplo para mí. Además, Austin Wilson me asistió y me aconsejó en todos los detalles del proceso de publicación.

Estoy agradecida con Laura Barker del *WaterBrook Mulnomah* por su amistad, ánimo y conocimientos sobre edición. Ella mejoró este libro de muchas formas y me dio sugerencias útiles a lo largo del proceso de edición.

Mi familia fue la mayor fuente de bendiciones para mí mientras escribía. Mis hijos, Emma, John y Kate, trajeron la alegría diaria y las risas a mi vida. Además, han hecho de mi maternidad un placer. Estoy agradecida de que me permitieran compartir parte de sus historias. Mis suegros, Lee y Linda Kruger, amorosamente cedieron su espacio para darme tiempo para escribir. Mi esposo Mike me regaló tardes completas para estudiar, me dio fuerzas en cada paso, y su apoyo incondicional para este libro. En verdad me siento bendecida, más allá de lo imaginable de ser su esposa.

Mis padres, Bob y Anita Bryan, me dieron una vida familiar maravillosa. Estoy agradecida por sus años de leerme libros, escuchar mis oraciones nocturnas, asistir a mis actividades deportivas, e invertir tanto de sus vidas en la mía. Es por eso que con mucho placer les dedico este libro.

Angela Queen ha bendecido a nuestra familia en muchas formas. Ahora es una bendición verla criar a sus propios hijos y caminar con Dios en el proceso. Este libro fue escrito para ella. Estoy agradecida de que me permitiera compartirlo con los demás.

La necesidad más profunda de una madre

Ayer en la mañana bajé de mi habitación y me encontré con un festín de panqueques con chocolate, huevos revueltos, donas de *Krispy Kreme*, y té caliente. Las puertas estaban adornadas con serpentinas, caritas sonrientes me saludaban, y mis hijos exclamaban: "¡Feliz Día de las Madres!". Me sentí un poco como una reina mientras me obsequiaban tarjetas llenas de tiernas palabras y hermosos dibujos. Mi corazón estaba lleno de gozo, y agradecí a Dios por el privilegio de ser la madre de cada uno de mis hijos.

Menos de veinticuatro horas antes, en esa misma cocina, se había producido una clase de expresión diferente. Era una tarde ajetreada, con proyectos escolares por terminar, compromisos deportivos a los cuales asistir y ropa lavada que esperaba ser doblada. Todos tenían necesidades y todos recurrían a mí. Como una versión tamaño natural del juego "pégale al topo", tan pronto solventaba una solicitud, aparecía otra. Después de horas de malabarismos para tratar de cumplir con cada requerimiento, mi paciencia se agotó y, llena de frustración exclamé: "¡Todo el mundo PARE de decir la palabra *mami*!". En ese momento, la maternidad se sentía más como trabajar en una tienda durante veinticuatro horas, que como un privilegio.

Estoy casi segura de que su experiencia como madres, al igual que la mía, está llena de momentos de deleite y momentos de agotamiento. Algunos días, no hay nada que queramos más que pasar tiempo con nuestros hijos. Pero otros días, deseamos desesperadamente escapar a una isla desierta. Algunos días nos sentimos como las mejores madres. Otros días nos sentimos como los más grandes fracasos.

La maternidad, más que ninguna otra cosa en mi vida, ha dejado al descubierto mi necesidad de gracia. Las quejas fluyen con demasiada libertad de mis labios. El afecto por mis hijos se puede convertir en miedo y preocupación. Me puedo desesperar por mi fracaso, y sentirme orgullosa cuando tengo éxito. No soy tan paciente como soñé que sería. Sin la gracia de Dios, incluso mi amor por mis hijos puede verse eclipsado por mi amor a mí misma.

En medio de mi debilidad, necesito el fortalecimiento del alma que solo puede obtenerse cuando pasamos tiempo con Jesús. Necesito que se me recuerde su amor por mí, para poder amar correctamente a mis hijos. Necesito saber que Él está al control cuando siento que mi vida gira fuera de control. Necesito el poder de sus promesas, que le dan paz a mi ansioso corazón.

En mis primeros días como madre, descubrí que estas necesidades son difíciles de priorizar cuando hemos pasado noches sin dormir, cuando hay mucha ropa por lavar, y cuando tenemos horarios ajetreados. Algunos días me sentía tan cansada que ni siquiera sabía por dónde empezar. Otros días, me esforzaba por aplicar las verdades que aprendía de la Biblia en problemas reales, como los berrinches de mi pequeño. Quería tener a alguien que me tomara de la mano, me guiara de vuelta a la Palabra de Dios, me recordara su preciosa verdad y me ayudara a aplicarla a mi vida como madre.

Deseaba un estudio que me permitiera escudriñar la Palabra de Dios con mayor profundidad y que me alentara en mi rol de madre. Encontré muchos libros buenos sobre crianza y algunos sólidos estudios bíblicos. Sin embargo, no logré hallar un estudio bíblico que abarcara tanto mi rol como creyente, como el papel que me había sido otorgado como madre. Me las apañé con el material que pude encontrar, pero seguía deseando algo que me ayudara a caminar con Dios durante mi etapa como madre.

Poco después de mudarme a Charlotte, una amiga me recomendó una niñera. Ángela rápidamente se convirtió en la niñera preferida de mi hija y una de mis amigas más cercanas. Con el tiempo se unió a nuestra iglesia, vino a estudiar la Biblia en nuestra casa, y acudió al seminario. Nos reuníamos regularmente para orar, y pasamos incontables horas en asuntos ministeriales.

Durante sus años de soltera, Ángela se deleitó con mis hijos. Fue una figura constante en sus vidas, y cada vez que entraba por la puerta, sus caras se iluminaban de felicidad. "¡Señorita Ángela, señorita Ángela!", gritaban desde arriba tan pronto como escuchaban su voz. Ella bendijo ricamente nuestra familia con su amor y su risa.

Poco después de que mi hija pasó la etapa de bebé, Ángela conoció a un hombre maravilloso y se casó con él. Un año después, mientras comíamos helados, ella me dijo que su helado le sabía raro. Recordé muchas cosas que me sabían mal durante cada uno de mis embarazos, así que le pregunté: "¿Estás embarazada?". Ella no lo sabía en ese momento, pero al regresar a casa esa noche se hizo una prueba. ¡Salió positiva! Yo estaba muy emocionada por mi amiga.

Durante los meses siguientes, oré por Ángela, mientras ella se preparaba para esta nueva etapa de su vida. Una mañana, me vino a la mente lo que quería darle como regalo: lo único que yo había ansiado como madre. Decidí escribir para ella un estudio bíblico que la mantuviera diariamente en la Palabra y la alentara en su nuevo rol. Esa mañana, mientras me presentaba ante el Señor en oración, me vino a la mente el bosquejo de este estudio. Mientras escribía el estudio, comencé a darme cuenta de que era tanto para ella como para mí. Como madre de hijos más grandes, necesito tiempo con Jesús ahora de la misma manera como cuando cuidaba a un bebé.

Dondequiera que se encuentre en su experiencia, ya sea criando a un bebé o a un adolescente, ruego que este libro (que surgió del estudio que compuse para Ángela) le permita conocer verdades eternas sobre Dios que la estimulen en su rol de madre. Pasar tiempo con la Palabra y en oración diariamente provee el alimento necesario para nuestras almas, mientras cuidamos de nuestras familias. La aplicación específica para cada etapa varía, pero cada una de nosotras necesita sabiduría, oración, paciencia, bondad, y amor mientras criamos a nuestros hijos. Nunca dejaremos de necesitar la gracia del Señor.

En una oportunidad, Elisabeth Elliot dijo: "Una madre es un cáliz, la vasija sin la cual ningún ser humano ha nacido jamás. Ha sido creada para portar la vida, cooperando con su esposo y con Dios en la hechura de un hijo. Que solemne responsabilidad. Que privilegio indecible: una vasija preparada para el uso del Maestro".[1] Y aun, en esta etapa es tan fácil ser consumido por *el hacer*, que olvidamos reflexionar y pensar en quiénes nos estamos convirtiendo al criar a nuestros hijos. Mientras volcamos nuestra amorosa devoción en nuestras familias, es vital que encontremos renovación para nuestras almas.

La meta de este estudio no es necesariamente aprender técnicas o estrategias de crianza, sino caminar con el Señor en la difícil etapa de la maternidad, y dejar que su presencia permee y moldee nuestras vidas. Tomaremos en consideración varias verdades acerca de Dios y analizaremos cómo parecernos cada vez más a Cristo influye en nuestros hijos. Nuestra esperanza es que Dios influya nuestras vidas de tal manera que su huella en nuestros corazones tenga una impresión duradera en nuestros hijos. Si anhelamos que nuestros hijos lleven sus necesidades delante de Dios en oración, es necesario que cada vez nos convirtamos más en mujeres de oración. Si queremos tener hijos agradecidos, comencemos por cultivar nuestro propio agradecimiento. Si queremos hijos compasivos, pacíficos, esperanzados y bondadosos, es necesario que crezcamos nosotras mismas en estas gracias. En la belleza del diseño de Dios, Él está en el proceso de criarnos a nosotras, mientras nosotras criamos a nuestros hijos.

Los primeros cuatro días de cada semana de estudio se enfocan en diferentes pasajes de las Escrituras para profundizar nuestro entendimiento del carácter de Dios, su obra en nuestras vidas y cómo podemos transferir estas verdades a nuestros hijos. El día cinco ofrece un pensamiento devocional a través del resumen de los temas principales de la semana. Si usted está estudiando estos temas en grupo, al final del libro encontrará preguntas adicionales para discutir, que la ayudarán a maximizar el provecho que juntos puedan obtener.

Todos los versículos usados en el estudio se incluyen en el libro. Mi intención es hacer la Palabra de Dios tan accesible como sea posible en medio de su rutina diaria. Usted puede llevar a cabo su estudio mientras se encuentra amamantando su bebé, o esperando en las clases de natación. Estos momentos se convierten en momentos valiosos del día cuando están llenos de la Palabra de Dios. El tiempo empleado en la comunión con el Señor puede proveer sabiduría, renovación y gozo, que la ayudarán a sobrellevar el día a día (Sal. 19). ¿No le parece que esto es justamente lo que necesita como madre?

Oro para que usted sea bendecida y reconfortada mientras estudiamos juntas la Palabra de Dios. Aférrese a Jesús en todo momento, confiando en que Él proveerá todo lo que necesita en cada circunstancia que enfrente.

Gracias por permitirme caminar a su lado mientras usted camina con Dios durante su maternidad.

—Melissa Kruger

Entienda su propósito

Camine en la fe

Día 1

Todos nos preguntamos en algún momento: *¿Estoy haciendo algo significativo con mi vida?* Incluso mujeres que han anhelado ser madres, pueden preguntarse: *¿En qué me he metido?* Otras, frustradas, se preguntan: *¿Para qué me molesté en recibir una educación universitaria, si el libro más largo que leí el año pasado fue:* Huevos verdes con jamón? O tal vez, se vea repentinamente sola cuando su hijo menor comience a ir a la escuela y piense: *¿Qué se supone que debo hacer ahora? ¿Quién soy yo sin mis tres pequeños detrás de mí todo el día?*

En el centro de todas estas preguntas, se encuentra la pregunta fundamental: *¿Cuál es mi propósito?*

Si bien es cierto que la maternidad nos trae gran alegría, también es cierto que representa grandes cambios en nuestra vida. Nuestra identidad cambia, y muchos de los lugares que son importantes para nosotras no están más a nuestra disposición. Mujeres que resuelven con gran seguridad los problemas en sus trabajos descubren con sorpresa que no tienen idea de cómo calmar el llanto de su hijo.

Y los cambios no son solo superficiales. Mientras nuestros hijos crecen, pasamos de ser la madre de un bebé a ser la madre de un infante, luego la madre de varios hijos, después mamás de niños en edad escolar, luego de adolescentes, luego la madre de estudiantes universitarios, etcétera. Nuestros roles cambian con cada etapa, y necesitamos tener un propósito para estabilizar nuestro progreso.

Entender nuestro propósito principal en la vida sienta las bases de nuestro llamado específico como madres. En realidad, entender lo primero será la base de lo que concluiremos sobre lo segundo. Si le parece que esta primera lección no tiene *nada* que ver con la maternidad, ¡no se preocupe! Le prometo que lo tendrá.

El *Catecismo de Westminster*[2] da una respuesta breve y precisa a la pregunta sobre el propósito. Declara: "La mayor y más alta finalidad del hombre es glorificar a Dios, y gozar por completo de Él para siempre".

En los próximos dos días estudiaremos pasajes bíblicos que apoyan este propósito general para cada una de nosotras. Pero empecemos desde el principio, observando cómo la historia de la creación nos ayuda a definir nuestro propósito, tanto como personas, como en nuestro rol de madres.

1. Lea **Génesis 1:26–27** y responda las siguientes preguntas.

   "[…] y dijo: 'Hagamos al ser humano a nuestra imagen y seme-janza. Que tenga dominio sobre los peces del mar, y sobre las aves del cielo; sobre los animales domésticos, sobre los animales salvajes, y sobre todos los reptiles que se arrastran por el suelo'. Y Dios creó al ser humano a su imagen; lo creó a imagen de Dios. Hombre y mujer los creó".

   a. ¿En qué se diferencian los humanos al resto de los seres creados por Dios?

   b. ¿Por qué cree usted que lucir como Dios y actuar como Él, glorifica a Dios?

   c. ¿Cómo responden los padres al ver su imagen reflejada en sus hijos, en cuanto a características físicas, intereses compartidos, o similitudes de personalidad?

Mientras que toda la creación glorifica la majestad, creatividad y el poder de Dios, Él tuvo especial cuidado al diseñar a los seres hu-manos. Somos únicos e importantes dentro de toda la creación porque fuimos hechos a la imagen de Dios. Así como los padres se deleitan observando sus propias características en sus hijos, Dios nos ama de manera excepcional, porque somos semejantes a Él. ¡Usted es de gran importancia para el Padre!

2. Aunque estamos hechos a la imagen de Dios, es importante tener en cuenta en qué se diferencia Dios de nosotros. Lea **Romanos 11:33–36**:

"¡Qué profundas son las riquezas de la sabiduría y del conocimiento de Dios! ¡Qué indescifrables sus juicios e impenetrables sus caminos! '¿Quién ha conocido la mente del Señor, o quién ha sido su consejero?'. '¿Quién le ha dado primero a Dios, para que luego Dios le pague?'. Porque todas las cosas proceden de él, y existen por él y para él. ¡A él sea la gloria por siempre! Amén".

a. ¿Según estos versículos, en qué se diferencia Dios de nosotros?

b. ¿Por qué Dios es digno de que lo glorifiquemos?

3. Ser portadores de la imagen de Dios nos otorga privilegios únicos y responsabilidades especiales. Lea los siguientes pasajes:

"En conclusión, ya sea que coman o beban o hagan cualquier otra cosa, háganlo todo para la gloria de Dios" (**1 Co. 10:31**).

"Y todo lo que hagan, de palabra o de obra, háganlo en el nombre del Señor Jesús, dando gracias a Dios el Padre por medio de él" (**Col. 3:17**).

¿De qué maneras específicas cree que estos versículos nos instruyen para vivir una vida que glorifique a Dios?

4. Los Salmos nos proveen ejemplos enriquecedores de cómo el pueblo de Dios buscaba glorificarlo y de las palabras que

utilizaban para expresar su gozo en Él. Lea **Sal. 86:9–13**, y observe como el amor por Dios y el deseo de glorificarlo se entrelazan y se desbordan en una adoración gozosa:

"Todas las naciones que has creado vendrán, Señor, y ante ti se postrarán y glorificarán tu nombre. Porque tú eres grande y haces maravillas; ¡solo tú eres Dios! Instrúyeme, Señor, en tu camino para conducirme con fidelidad. Dame integridad de corazón para temer tu nombre. Señor mi Dios, con todo el corazón te alabaré, y por siempre glorificaré tu nombre. Porque grande es tu amor por mí: me has librado de caer en el sepulcro".

a. ¿De acuerdo con este pasaje, quién adorará a Dios?

b. Nombre las cuatro maneras en que el salmista busca adorar a Dios (busque los verbos en tiempo futuro).

c. ¿Por qué el salmista desea glorificar a Dios?

d. ¿Qué palabras o frases específicas revelan el amor del salmista por Dios, y cómo cree usted que ese amor afecta su deseo de glorificarlo?

5. Mientras medita en este Salmo, piense: ¿En qué formas específicas usted busca adorar a Dios?

6. ¿Cómo describiría usted su experiencia actual con Dios? Marque con un círculo la(s) palabra(s) que mejor describan cómo se siente hoy con Dios.

Desconfiada, Fría, Temerosa, Indiferente, Insegura

Afectuosa, Cercana, Cariñosa, Amorosa, Agradecida

¿Qué otras palabras agregaría a la lista?

7. Si usted fuera a escribir su declaración de propósito en este momento, ¿cuál diría que ha sido su meta principal en la vida? ¿Hacia qué objetivo ha dirigido todos sus esfuerzos?

8. ¿Qué opinaría de simplificar sus metas hoy a "glorificar a Dios, y gozar de Él"? ¿De qué manera le añadiría esto significado a su día? ¿Cómo cambiaría esto la manera en que emplea su tiempo?

Mi intención al comenzar este estudio hoy, ha sido resaltar dos verdades que pueden transformar su vida:

- Usted ha sido hecha a imagen y semejanza de Dios, de manera que usted es la integrante más valiosa de su creación.
- Usted ha sido llamada a cumplir con un maravilloso propósito en la vida: glorificar a Dios, y gozar por completo de Él, para siempre.

La animo a meditar en la importancia de estas verdades el día de hoy. Todo ser humano tiene valor y dignidad, porque está hecho a imagen y semejanza de Dios. Gente de todas las culturas y países comprenden que la vida humana tiene un valor innato. Aún aquellos que no reconocen la existencia de Dios entienden la diferencia entre una vida humana y la vida de un mosquito. Sin embargo, solo la Biblia explica la razón por la cual la humanidad es especial y única en toda la creación. Ambos, usted y su hijo han sido hechos para reflejar la gloria de Dios. No hay llamado más grande que este.

Comprender nuestro propósito divino orienta nuestras esperanzas como madres. Al caminar en compañía de Dios, Él insufla vida en todas nuestras relaciones. Deleitarnos en nuestra relación con Dios es el primer paso para asumir y disfrutar nuestro rol de madres.

Finalice el día de hoy en oración. Pídale a Dios que le muestre el propósito que Él tiene para usted como mujer y como madre. Ruéguele que le haga sentir un gozo nuevo y vibrante en Él, y que todo lo que usted haga, sea de palabra o acción, sea para su gloria.

Día 2

Iniciamos nuestro estudio examinando el propósito de Dios para nuestras vidas. Hoy meditaremos sobre nuestra lucha e incapacidad para cumplir con ese propósito. Si hemos sido creados a la imagen de Dios, ¿por qué fallamos tanto en reflejar su bondad, misericordia y amor? Para ayudarnos a responder estas preguntas, examinemos la trama general de la Biblia.

Esencialmente, la Biblia narra la historia de la creación, la caída y la redención. Dios creó un mundo perfecto con el hombre y la mujer hechos a su imagen y semejanza, el pináculo de su creación. Sin embargo, en el Jardín del Edén, Adán y Eva escucharon las engañosas palabras de la serpiente (Satanás) y decidieron comer del fruto prohibido. La decisión de Adán de desobedecer a Dios se conoce como la caída del hombre. Cuando la verdad de Dios fue cambiada por la mentira, fuimos fracturados y dejamos de ser el reflejo perfecto del Dios que nos creó.

Aun cuando castigó a Adán y a Eva por su desobediencia, Dios les extendió su misericordia. En medio del quebrantamiento, sembró las semillas de la redención. Dios prometió que un Hijo vendría a aplastar la cabeza de la serpiente (Gn. 3:15). Todo el Antiguo Testamento es un relato de la espera y el anhelo del pueblo de Dios por este Redentor. Mientras la humanidad luchaba contra el pecado, Dios levantó profetas, sacerdotes y reyes, todos estos presagios de Aquel que habría de venir en la plenitud de los tiempos a encarnar los tres roles. Cristo es nuestro Profeta, quien transmite las palabras de su Padre, nuestro Sacerdote, quien intercede en nuestro nombre, y nuestro Rey, quien da inicio a un nuevo Reino de redención. Su Reino no es gobernado por ley, sino por gracia. En su vida, Cristo cumplió con todos los requisitos de rectitud exigidos por la ley y, con su muerte, pagó el precio por el pecado que cada uno de nosotros merecía. Mediante el poder de su resurrección, también podemos superar la muerte y vivir por toda la eternidad.

Todo esto se resume en Romanos 3:23–24: "Pues todos han pecado y están privados de la gloria de Dios, pero por su gracia son justificados gratuitamente mediante la redención que Cristo Jesús efectuó". ¡Esto es el evangelio! Ciertamente son buenas nuevas. Solo en Jesús nuestro malogrado reflejo puede ser restaurado para glorificar correctamente a Dios. Los siguientes versículos nos demuestran nuestra necesidad de Jesús, y cómo podemos caminar en una fraternidad vivificante con Él.

1. Lea **Efesios 2:1–10**:

> "En otro tiempo ustedes estaban muertos en sus transgresiones y pecados, en los cuales andaban conforme a los poderes de este mundo. Se conducían según el que gobierna las tinieblas, según el espíritu que ahora ejerce su poder en los que viven en la desobediencia. En ese tiempo también todos nosotros vivíamos como ellos, impulsados por nuestros deseos pecaminosos, siguiendo nuestra propia voluntad y nuestros propósitos. Como los demás, éramos por naturaleza objeto de la ira de Dios. Pero Dios, que es rico en misericordia, por su gran amor por nosotros, nos dio vida con Cristo, aun cuando estábamos muertos en pecados. ¡Por gracia ustedes han sido salvados! Y en unión con Cristo Jesús, Dios nos resucitó y nos hizo sentar con él en las regiones celestiales, para mostrar en los tiempos venideros la incomparable riqueza de su gracia, que por su bondad derramó sobre nosotros en Cristo Jesús. Porque por gracia ustedes han sido salvados mediante la fe; esto no procede de ustedes, sino que es el regalo de Dios, no por obras, para que nadie se jacte. Porque somos hechura de Dios, creados en Cristo Jesús para buenas obras, las cuales Dios dispuso de antemano a fin de que las pongamos en práctica".

    a. ¿Cuáles cree usted que son los efectos de la caída en los versículos 1–3? ¿De qué manera se nos describe en esos versículos?

b. ¿Por qué Dios nos dio vida en Cristo? (versículos 4–5)

c. ¿Cómo se salva una persona del pecado y la muerte? (versículos 8–9) Vea también Hch. 16:30–32 y Jn. 3:16.

d. ¿Cuál es el efecto de la salvación en nuestra forma de vivir la vida? (versículo 10)

2. Lea **Romanos 5:1–2.**

"En consecuencia, ya que hemos sido justificados mediante la fe, tenemos paz con Dios por medio de nuestro Señor Jesucristo. También por medio de él, y mediante la fe, tenemos acceso a esta gracia en la cual nos mantenemos firmes. Así que nos regocijamos en la esperanza de alcanzar la gloria de Dios".

¿Qué rol juega la fe en nuestra relación con Dios?

Ayer reflexionábamos sobre nuestro propósito definitivo en la vida: glorificar a Dios y gozarnos de Él para siempre. En realidad, somos incapaces de ambas cosas hasta que creamos en Jesús por fe. Y la fe es un don que solo Dios puede otorgar; se la pedimos a Él; es luego por la fe que podemos caminar al lado de Dios y que podemos vivir en su Espíritu. Por la fe somos transformados a diario para parecernos cada vez más a Jesús.

Sé que este propósito es a veces difícil de recordar cuando enfrentamos los retos diarios de la vida y las diferentes tareas de ser madre. Cuando hay pisos que limpiar y cenas que preparar, usted podría decir: "¿Cómo puedo glorificar a Dios y gozarme en Él?". La respuesta a esto conforma los lineamientos de lo que estudiaremos en las próximas semanas.

Nuestro disfrute de Dios aumenta cuando permanecemos en la Palabra (Semana 2) y en la oración (Semana 3). Hallar tiempo para estas dos actividades fundamentales requiere que planeemos bien nuestras prioridades (Semana 4). Cuando permanecemos en Jesús, Él nos cambia de adentro hacia afuera. Los siguientes seis capítulos versan sobre los frutos del Espíritu Santo (amor, gozo, paz paciencia, benignidad, bondad, fe, mansedumbre y dominio propio) trabajando en nuestros corazones y cómo la abundancia de estas virtudes influye en la vida de nuestros hijos. El capítulo final explora nuestra lucha con el perfeccionismo y nuestra necesidad continua de recibir la gracia de Dios.

Con frecuencia nos evaluamos a nosotras mismas por lo que hacemos (fiestas de cumpleaños originales, casas organizadas, almuerzos sanos, etc.), lo cual puede impulsarnos a encontrar nuestro valor y significado en estas actividades. Afortunadamente, la Biblia simplifica nuestras vidas, animándonos a conocer y amar a Jesús con toda nuestra alma, corazón y fuerza. He descubierto que cuando me concentro en lo que es más importante, todo lo demás luce de cierta manera menos importante. Mi mayor esperanza es ser una madre que ame a Jesús con un amor y una sujeción profundas que se derramen gozosamente sobre mis hijos. Para lograrlo, necesito desesperadamente pasar tiempo con Él todos los días.

Tómese un momento para examinar su caminar con Dios:

- ¿Cómo llegó a la fe?
- ¿En qué formas ha crecido su fe a través de los años?
- ¿Dónde se encuentra usted hoy en su relación con Dios?
- ¿Necesita usted hoy volver a dedicar su corazón al Señor o venir a Él por primera vez, creyendo con fe?

Busque al Señor en oración pidiéndole que haga crecer su fe en el transcurso de estas semanas que pasaremos juntas en su Palabra.

Día 3

¿Se ha fijado que a los niños les gusta vestirse y actuar como sus padres? Tal vez su hijo adolescente sea fanático del mismo equipo de basquetbol que su papá. O puede que su pequeña hija ande por ahí con un bolso en un brazo y un teléfono plástico en su oído, hablando animadamente con su amiga imaginaria. Recuerdo que mi hijita de tres años, justo después de nacer nuestro segundo hijo, agarraba su muñeca, le acariciaba cariñosamente la cabeza y la paseaba en su andadera por toda la casa. Ella observaba la manera en que yo cuidaba a su hermanito e imitaba ese cuidado con su bebé de juguete. Nuestros hijos absorben ávidamente los ejemplos que ponemos ante ellos. Dios diseñó la familia para ser el primer lugar en el que aprendemos a conocer el mundo. Los padres nos enseñan cómo caminar, cómo hablar, cómo vestirnos, qué comer, y cómo expresar nuestras emociones. Desde el momento en que traemos un hijo a casa, entendemos nuestra responsabilidad paternal de cuidar de su bienestar físico y emocional. Dios también nos ordena que le demos a nuestros hijos una sólida base espiritual, tal y como lo verá en los versículos de hoy. De nuestros labios aprenderán las primeras verdades sobre Dios, y de nuestras acciones observarán lo que significa seguirlo a Él.

Dios sabe la enorme influencia que tienen los padres sobre la formación espiritual de los hijos, así que nos dio órdenes específicas para estimular y dirigir nuestro esfuerzo. Comenzamos la semana examinando el propósito primario de Dios en nuestras vidas. Hoy veremos cómo nuestra búsqueda de ese propósito contribuye al crecimiento espiritual de nuestros hijos.

1. Lea **Deuteronomio 6:4–9**.

> "Escucha, Israel: El Señor nuestro Dios es el único Señor. Ama al Señor tu Dios con todo tu corazón y con toda tu alma y con todas tus fuerzas. Grábate en el corazón estas palabras que hoy te mando. Incúlcaselas continuamente a tus hijos. Háblales de ellas cuando estés en tu casa y cuando vayas por el camino, cuando te acuestes y cuando te levantes. Átalas a tus manos como un signo; llévalas en tu frente como una marca; escríbelas en los postes de tu casa y en los portones de tus ciudades".

    a. ¿Cuáles son los dos primeros mandatos que se nos dan en los versículos 5 y 6? ¿Qué dicen estos versículos sobre glorificar y gozar de Dios?

    b. ¿Cuáles son los mandatos en relación con los niños que

se dan en este pasaje? Nombre todas las oportunidades que tenemos de enseñar a nuestros hijos todos los días.

2. Piense en cómo se hace una impresión. Si estampa su dirección en un sobre, o usa un sello de cera, usted ha hecho una impresión. El sello que usa para estampar en relieve replicará con fidelidad lo que haya en él. ¿De qué manera sus hijos lo "replican" a usted? ¿Cuáles son las cosas que usted ama y sus hijos también aman?

3. ¿Por qué cree usted que Dios nos llama a amarlo a Él primero antes de ordenarnos educar a nuestros hijos?

4. ¿Cómo puede usted hacer crecer su amor por el Señor en su corazón, mente, hábitos, y actitudes durante esta semana? ¿De que manera puede traer la Palabra de Dios a su hogar?

En el pasaje anterior, Moisés les ordenó a los israelitas que desarrollaran un gran amor hacia el Señor. El quería que ese amor fuera una pasión devoradora: "Con todo tu corazón y con toda tu alma y con todas tus fuerzas" (Dt. 6:5). El fervor es contagioso. La madre que ama al Señor irradia un gozo permanente hacia sus hijos. Nuestro amor por Dios nos motiva a pasar tiempo con Él y su Palabra a diario, lo cual nos nutre con tesoros espirituales que hemos de transmitir a nuestros hijos.

Moisés también les ordenó a los israelitas que enseñaran a los niños sobre Dios en el camino, a toda hora. Aunque es sabio planificar momentos específicos para las devociones familiares, debemos demostrar nuestro amor por Dios en todo lo que hagamos. Hay oportunidades de hablar de Dios con nuestros hijos cuando vamos camino a la tienda, mientras esperamos el autobús, y cuando los llevamos a dormir. Cuando les enseñamos a nuestros hijos las verdades de Dios, los bendecimos con una herencia que los acompañará a lo largo de sus vidas.

Dos ejemplos de las Escrituras ilustran la importancia de enseñar a nuestros hijos sobre Dios. Al leer los siguientes pasajes, piense en los efectos de enseñar a los niños desde una temprana edad:

5. Lea el **Salmo 78:1–2**.

"Pueblo mío, atiende a mi enseñanza; presta oído a las palabras de mi boca. Mis labios pronunciarán parábolas y evocarán misterios de antaño, cosas que hemos oído y conocido, y que nuestros padres nos han contado. No las esconderemos de sus descendientes; hablaremos a la generación venidera del poder del Señor, de sus proezas, y de las maravillas que ha realizado. Él promulgó un decreto para Jacob, dictó una ley para Israel; ordenó a nuestros antepasados enseñarlos a sus descendientes, para que los conocieran las generaciones venideras y los hijos que habrían de nacer, que a su vez los enseñarían a sus hijos. Así ellos pondrían su confianza en Dios y no se olvidarían de sus proezas, sino que cumplirían sus mandamientos".

a. ¿Qué prometió el salmista enseñar a sus hijos?

b. ¿Por qué esto es tan importante? (versículos 5 y 7).

6. En su segunda epístola a Timoteo, Pablo nos dio un pequeño atisbo del impacto que la madre de Timoteo (Eunice) y su abuela (Loida) ejercieron sobre su fe. Lea los siguientes versículos y vea que puede aprender de ellos:

"Traigo a la memoria tu fe sincera, la cual animó primero a tu abuela Loida y a tu madre Eunice, y ahora te anima a ti. De eso estoy convencido" (**2 Timoteo 1:5**).

"Pero tú, permanece firme en lo que has aprendido y de lo cual estás convencido, pues sabes de quiénes lo aprendiste. Desde tu niñez conoces las Sagradas Escrituras, que pueden darte la sabiduría necesaria para la salvación mediante la fe en Cristo Jesús" (2 Timoteo 3:14–15).

a. ¿En quién observó Timoteo primero la fe en Dios?

b. ¿Cuándo empezó Timoteo a estudiar la Biblia?

c. ¿Qué efecto tuvo el estudio la Biblia en la fe de Timoteo?

7. ¿De qué maneras creativas y en qué pequeños momentos puede usted nutrir espiritualmente a sus hijos y enseñarles la Biblia?

El ejemplo de Eunice y Loida demuestra el poder que tiene la influencia materna (y de las abuelas) en el amor por Jesús. La fe de estas dos mujeres se derramó sobre la vida de Timoteo y fue usada para llevarlo a tener una relación con Cristo. Si bien nuestra fe no tiene el poder de salvar a nuestros hijos, el Señor puede usarla para atraerlos a Él.

Hechos 16 nos cuenta que la madre de Timoteo era una mujer judía que creía en Cristo. Aunque el padre de Timoteo era un griego no creyente, ella enseñó la fe a su hijo con firmeza desde su más tierna infancia. Timoteo llegó a ser pastor y líder en la iglesia. Dios también proveyó a Timoteo de un padre espiritual, en la persona de Pablo.

Si usted es una madre soltera, o si su esposo no es creyente, y usted está a cargo de la formación espiritual de su familia, espero que este ejemplo la anime a creer que el Señor puede usar su fe de maneras poderosas para influir en sus hijos. Ore al Señor para que le provea figuras paternas que la ayuden a orientarlos y discipularlos. La belleza de la iglesia está en que a veces Dios provee dentro de la familia espiritual lo que hace falta dentro de la familia biológica.

Cualquiera que sea la situación de su familia, ore para que su amor por Dios tenga un efecto en sus hijos. Ore para que ellos conozcan a

Jesús desde temprana edad y para que Dios los use para glorificar su Nombre. ¡Que hasta los dones más simples de las generosas manos de Dios le traigan un gran gozo el día de hoy!

Día 4

¿Ha tenido usted alguna vez la incómoda sensación de que sus hijos no fueron bienvenidos? Tal vez en un restaurante, en un avión, o en una tienda alguien le dirigió esa *mirada*. Usted cayó en cuenta inmediatamente de que su hijo estaba siendo visto como un problema. La persona quizás estaba preocupada de que su niño le contagiara gérmenes, de que fuera desordenado, de que gritara, o de que causara cualquier otra perturbación. Un suspiro o una mirada de reojo puede expresar mucho sobre la actitud de alguien hacia la presencia de niños.

Es particularmente desalentador cuando esto ocurre dentro del contexto de una iglesia. Mi amiga Erica me relató su experiencia cuando visitó por primera vez una iglesia, bastante grande, en la ciudad. Ella y su esposo decidieron no dejar a su pequeño de tres años en la guardería porque querían visitar la iglesia unas cuantas veces antes de dejar al niño en un nuevo ambiente. Cuando su familia entró al santuario, Erica les dijo a los ujieres que el chico se quedaría con ellos durante el servicio. Se sintió agradecida de que los sentaran cerca de la parte trasera, porque no quería molestar a nadie.

Sin embargo, luego de haber comenzado el servicio (y mientras su hijo estaba en silencio a su lado), Erica sintió una palmadita en su hombro. Un ujier estaba de pie en el pasillo, señalándole que lo siguieran afuera. Su hijo no había causado ningún tipo de problema, pero ahora todo el mundo los miraba mientras se ponían de pie y caminaban entre la gente en dirección a la puerta del auditorio. Básicamente, se les informó que los niños no eran bienvenidos en el servicio. Debían dejarlo en la guardería o no asistir a la iglesia esa mañana. No es de extrañar que nunca más regresaron.

Hoy veremos la respuesta de Jesús cuando le fueron llevados niños pequeños. También veremos la reacción de sus discípulos. Al leer esta historia, espero que se sienta motivada a hacer fielmente todo lo que pueda para llevar a sus hijos frente a Jesús, aún cuando se le presenten obstáculos.

1. Lea **Marcos 10:1, 13–16**.

"Jesús partió de aquel lugar y se fue a la región de Judea y al otro lado del Jordán. Otra vez se le reunieron las multitudes, y como era su costumbre, les enseñaba. [...] Empezaron a llevarle niños a Jesús para que los tocara, pero los discípulos reprendían a quienes los llevaban. Cuando Jesús se dio cuenta, se indignó y les dijo: 'Dejen que los niños vengan a mí, y no se lo impidan, porque el Reino de Dios es de quienes son como ellos. Les aseguro que el que no reciba el Reino de Dios como un niño, de ninguna manera entrará en él'. Y después de abrazarlos, los bendecía poniendo las manos sobre ellos".

a. Describa la situación durante la cual le fueron traídos los niños a Jesús.

b. ¿Cómo reaccionaron los discípulos ante los padres y sus hijos?

c. ¿Cómo respondió Jesús a los discípulos?

d. ¿Cómo respondió Jesús a los niños?

¿No es alentadora la respuesta de Jesús? Toda clase de personas venían a Él: los enfermos venían por sanación, los curiosos venían buscando respuestas, y los líderes judíos venían para probarlo. Quizás los discípulos pensaron que Jesús estaba muy ocupado con asuntos importantes como para prestar su atención a los niños. No obstante, en medio de todo, Jesús les dio la bienvenida a los pequeños. Los tomó en sus brazos y los bendijo. Que hermosa imagen del tierno corazón y la amorosa naturaleza de nuestro Salvador.

2. ¿Cuán a menudo encuentra usted en su corazón una reacción similar a la de los discípulos? ¿Ha tenido que esforzarse para creer que el ministerio de los niños es valioso? ¿Ha sentido alguna vez que sus hijos se interponen en su participación en ministerios "más importantes"? ¿De qué manera?

3. Tal vez a la mayoría de los padres en esta historia no les resultó fácil llevar sus hijos ante Jesús. Había una gran multitud alrededor de Él, y Jesús a menudo estaba ocupado en la enseñanza. ¿Qué le dice la diligencia que estos padres tuvieron para llevar a sus hijos a conocer al Salvador?

4. ¿De qué maneras específicas puede usted llevar a sus hijos ante Jesús y hacer que lo conozcan mejor?

5. ¿Cómo cree usted que su hijo contestaría si le preguntara: "¿Cuál es mi mayor esperanza para ti"?

Espero que este pasaje la aliente a usted tanto como lo ha hecho conmigo. ¡Jesús quiere que llevemos a nuestros hijos a su presencia! Mientras el mundo mira a los niños con impaciencia y molestia, Jesús mira a los pequeños con ternura y bondad. Él nos recibe a todos y nos invita a ir a Él.

El trabajo que usted hace dentro de su hogar es de importancia fundamental. Como dijera una vez un pastor: "Todos deberían entender la sublime idea de que sus hogares son escuelas para la eternidad; ellos son los maestros, y sus hijos los alumnos; y la religión evangélica, la lección".[3] Jamás dude de la importancia de su trabajo. Los momentos mundanos del día se hacen sagrados cuando son vistos con una comprensión adecuada de su llamado.

Aunque ninguno de nosotros podemos imponerles la fe a nuestros hijos, sí podemos confiar todos nuestros esfuerzos y esperanzas al

Señor, pidiéndole que produzca el fruto de la fe en ellos. Me resulta útil usar pasajes de la Biblia para orar por mis pequeños. Al finalizar la lección de hoy, tal vez desee usar esta oración de Pablo para animarse a pedir con vehemencia que el Señor haga grandes cosas:

"Esto es lo que pido en oración: que el amor de ustedes abunde cada vez más en conocimiento y en buen juicio, para que disciernan lo que es mejor, y sean puros e irreprochables para el día de Cristo, llenos del fruto de justicia que se produce por medio de Jesucristo, para gloria y alabanza de Dios" (Fil. 1:9–11).

Día 5: Caminemos juntas como madres

"¿Qué tenemos que hacer para realizar las obras que Dios exige?
—le preguntaron—. Esta es la obra de Dios: que crean en aquel a quien él envió —les respondió Jesús".
—Juan 6:28–29

La primera vez que viajé con un bebé fue justo después del nacimiento de nuestra hija mayor. Vivíamos en Edimburgo, Escocia, y queríamos regresar a Estados Unidos para Navidad. Como Emma nació al final del otoño, debimos tomar su foto para el pasaporte a la semana de nacida. Luego tuvimos que presentar toda la documentación de un ciudadano estadounidense nacido en el extranjero para tramitar el pasaporte.

Nos preparamos para el largo viaje con una bebé de seis semanas. Empacamos botellas de fórmula, en caso de que mi producción de leche disminuyera. Llevábamos ropa adicional en caso de que hubiera regurgitaciones o fugas en los pañales. Luego tomamos nuestro primer vuelo de dos horas, de Edimburgo a Ámsterdam. Después de la escala, abordamos nuestro avión para el vuelo de nueve horas a Detroit.

Nuestro ya largo día resultó ser más largo de lo que habíamos planeado. Al llegar a Detroit, tuvimos que esperar sentados dentro del avión dos horas más (¡Con la pequeña Emma en mis brazos todo el tiempo!) a causa de un incendio en la terminal internacional. Debido a esto, perdimos el vuelo de conexión hacia Raleigh y tuvimos que pasar la noche en un hotel cercano. A la mañana siguiente, tomamos un taxi al aeropuerto, y abordamos nuestro vuelo a Carolina del Norte. En las semanas previas al vuelo habíamos dormido unas pocas horas, y el viaje resultó ser más difícil de lo que habíamos esperado. En medio de ese tormento, mi esposo y yo nos miramos en silencio, como formulando la tácita pregunta: *¿Vale la pena todo esto?* Todo cambió en el momento en que llegué a casa de mis padres. Aunque mi madre había ido a ayudarme en el momento del nacimiento de Emma, mi padre no conocía aún a su nieta. Una vez que coloqué a mi hija en el regazo de mi padre y experimenté la alegría de verlos a los dos juntos, supe inmediatamente que ese encuentro hizo que el esfuerzo del viaje valiera la pena.

Retrocediendo dos mil años, me pregunto cuáles serían los retos que debieron enfrentar aquellos padres en Judea que viajaron para llevar sus hijos a conocer Jesús. Aunque las pinturas en las paredes de las guarderías de las iglesias siempre representan esta escena como pacífica, tengo la impresión de que fue mucho más complicada. Seguramente, mientras viajaban, hubo necesidad de cambiar pañales, alimentar bocas hambrientas (sin restaurantes de comida rápida a la vista), discusiones, llantos, manos y pies sucios, niños cansados, padres agotados, y una gran cantidad de obstáculos. No habría sido un viaje fácil.

Apenas llegaron, los discípulos les reprocharon a los padres que llevaran a sus hijos ante Jesús. ¿Puede imaginarse lo que sintieron después del arduo trabajo que les costó llevar a sus hijos ante Él? Afortunadamente, Jesús recibió a los niños diciendo: "Dejad que los niños vengan a mí", los tomó en sus brazos y los bendijo.

Sus palabras son una invitación para que llevemos a nuestros hijos a su presencia. No se nos ha dicho que el viaje será fácil, pero sí que ese es el camino a la bendición. Hoy, en medio de platos sucios, horarios ocupados y bocas que alimentar, estamos en medio de un viaje con nuestros hijos. Podríamos vernos tentados a tomar los atajos del éxito académico o atlético en detrimento de la enseñanza bíblica. Podríamos distraernos por el deseo de que nuestros niños nos glorifiquen como padres en lugar de glorificar a Dios. Podríamos desviarnos del camino verdadero, atraídos por la esperanza de que logren buenos empleos o fama mundana.

Sin embargo, solo un camino lleva a la fuente del gozo duradero. Piense en qué tipo de viaje está usted poniendo a su hijo. Jesús prometió: "[...] yo he venido para que tengan vida, y la tengan en abundancia" (Jn. 10:10). Mientras transcurre el día, usted está llevando a su hijo a algún lugar. Asegúrese de que sea hacia Jesús. Cualquiera que sea la edad de sus hijos, o la etapa de su maternidad, usted puede iniciar hoy una carrera en dirección a Jesús. Uno de mis artículos favoritos sobre la maternidad fue escrito en el siglo XIX por un pastor llamado John Angell James. Él pasó meses predicando sobre la importancia de la femineidad, y sus sermones fueron recopilados en un libro llamado: *Female Piety* [Piedad femenina]. En este libro hay un capítulo de nombre: "A las madres jóvenes", que encuentro alentador y estimulante para el pensamiento. He aquí su resumen del propósito de una madre:

> Y ahora, para resumirlo todo, piensen:
> El encargo a una madre: una criatura inmortal.
> El deber de una madre: formar para Dios, el cielo y la
> eternidad.
> La dignidad de una madre: educar a la familia del
> Todopoderoso Creador del Universo.
> La dificultad de una madre: levantar a una criatura caída a la
> santidad y la virtud.
> El aliento de una madre: La promesa de la gracia divina para
> ayudarla en sus trascendentales deberes.
> El alivio de una madre: llevar la carga de sus problemas a Dios
> en oración.
> La esperanza de una madre: encontrarse con su hijo en la
> gloria perpetua, y pasar tiempos eternos de deleite con él
> ante el trono de Dios y el Cordero.[4]

Finalice este tiempo en oración, pidiéndole a Dios que ponga en usted un renovado sentido de propósito y dirección. Ruéguele que la dirija a un profundo gozo en Jesús, y le permita glorificar a Dios en todas las cosas de su vida. Así como el suave lacre de una carta lleva la impresión del sello, pídale al Señor que use su amor por Jesús para dejar una profunda impresión en sus hijos, y que sus corazones sean el suave lacre, moldeado por su divino propósito.

Cuando ore, pídale a Dios que la guíe en relación a dos preguntas específicas:

- *¿Cómo puedo disfrutarte y glorificarte más esta semana?*

- *¿De qué forma tangible puedo llevar a mi hijo ante Jesús esta semana?*

Que el Señor la fortalezca y la aliente en su viaje con Él.

El conocimiento de la Palabra de Dios

Camine en la sabiduría

Día 1

Desde el momento en que regresé del hospital con mi hija, quise algo por encima de todo: *sabiduría*. En mi búsqueda de consejos para criarla, investigué técnicas de alimentación, horarios de sueño y los mejores juguetes educativos. Al ir creciendo mis hijos, también ha crecido la necesidad de sabiduría. Decisiones relacionadas con técnicas de disciplina, teléfonos celulares, seguridad en la internet, mesadas, escuelas, relaciones personales, tareas del hogar, horas de llegada y una infinidad de otros asuntos acompañan a cada nueva etapa de la crianza. Si bien es útil leer libros, asistir a escuelas para padres y buscar foros de consejería, no hay mejor lugar para encontrar esa sabiduría que la Palabra de Dios.

Salomón, el más sabio de todos los reyes, le recordaba a su hijo: "Porque el Señor da la sabiduría; conocimiento y ciencia brotan de sus labios" (Pr. 2:6). También dijo: "El comienzo de la sabiduría es el temor del Señor; conocer al Santo es tener discernimiento". (Pr. 9:10). Si estamos buscando sabiduría, el mejor lugar para empezar a encontrarla es la fuente de toda la verdad. El Dios que nos creó tiene sabiduría para cada aspecto de nuestra vida.

Dios nos transmite su sabiduría a través de las palabras de la Biblia, una recopilación de escrituras de diferentes autores, cada uno de los cuales escribió bajos inspiración y revelación del Espíritu Santo. La Biblia no solo compila el conocimiento de hombres sabios, sino que entre sus páginas hallamos sabiduría divina. Si bien la Palabra de Dios no incluye un índice de "qué hacer en caso de que mi hijo haga _____", nos ayuda a crecer en discernimiento mientras buscamos entendimiento en Dios. Al pasar tiempo con Dios cada día en su Palabra, nuestras mentes se transforman.

1. Hoy daremos una mirada a la importancia de empaparnos frecuentemente con la Palabra de Dios. Comience con su tiempo de oración, y luego lea el **Salmo 1:1–3:**

   "Dichoso el hombre que no sigue el consejo de los malvados, ni se detiene en la senda de los pecadores ni cultiva la amistad de los blasfemos, sino que en la ley del Señor se deleita, y día y noche medita en ella. Es como el árbol plantado a la orilla de un río que, cuando llega su tiempo, da fruto y sus hojas jamás se marchitan. ¡Todo cuanto hace prospera!".

   a. ¿Cómo llama el salmista a una persona que se deleita en la ley del Señor? ¿Qué analogía usa para describir a esa persona?

   b. ¿Qué evita hacer esa persona?

   c. ¿Cuán frecuentemente pasa esta persona leyendo las Escrituras?

   d. ¿Cuál es el resultado de deleitarse en la ley de Dios? (v. 3).

2. ¿Qué diferencia hay entre estudiar diligentemente la Biblia y deleitarse en estudiar la Biblia? ¿Qué la describe a usted mejor?

3. Describa algunas de las maneras en las que las Escrituras han producido bendiciones en su vida. ¿Cómo la Palabra de Dios la ha consolado, alentado, sostenido o llevado a escoger los mejores caminos en el pasado?

4. Piense en su agenda de actividades. ¿Cuánto tiempo pasa con el Señor? ¿Le satisface? Si no es así, ¿qué cambios haría? ¿Por qué necesita hacer de esto una prioridad?

El Salmo 1 es uno de mis pasajes preferidos de las Escrituras. Entre sus palabras encontramos muy ricas promesas. Meditaciones matutinas y vespertinas en su Palabra producen una irradiación de bendición; todo lo que hagamos prospera. ¿No es este un maravilloso aliento para nosotras las madres? La mejor manera de tener éxito en la maternidad (o en cualquier otra cosa) es deleitarnos en la Palabra de Dios. Al ser renovadas nuestras mentes, nos asemejamos más a la imagen de Jesús.

5. Veamos otro Salmo que revela más sobre los beneficios e estudiar la Palabra de Dios. Lea el **Salmo 19:7–11**.

"La ley del Señor es perfecta: infunde nuevo aliento. El mandato del Señor es digno de confianza: da sabiduría al sencillo. Los preceptos del Señor son rectos: traen alegría al corazón. El mandamiento del Señor es claro: da luz a los ojos. El temor del Señor es puro: permanece para siempre. Las sentencias del Señor son verdaderas: todas ellas son justas. Son más deseables que el oro, más que mucho oro refinado; son más dulces que la miel, la miel que destila del panal. Por ellas queda advertido tu siervo; quien las obedece recibe una gran recompensa".

a. ¿Qué palabras usa el salmista para describir la ley del Señor?

b. ¿Qué beneficios se encuentran en la Palabra del Señor?

6. ¿Cómo ha experimentado la Palabra de Dios?

a. ¿Reviviendo su alma?

b. ¿Dándole sabiduría?

c. ¿Dándole gozo?

d. ¿Ayudándola a ver y hacer la voluntad de Dios?

7. ¿Como madre, anhela usted sentirse avivada y feliz? En el proceso decisorio diario, ¿desea sabiduría y la capacidad de hacer las mejores elecciones? ¿A dónde acude más a menudo para encontrar gozo y renovación? ¿Dónde busca más a menudo sabiduría o dirección?

8. ¿De qué manera puede buscar activamente con mayor frecuencia sabiduría, renovación y felicidad en la Palabra de Dios?

Hace apenas una semana me estaba sintiendo desanimada y me estaba costando esfuerzo confiar en Dios. Envié correos electrónicos a algunos amigos pidiéndoles que oraran por mí. Rápidamente, un amigo me envió un mensaje con los versículos de *Luz diaria para el camino*[5] de ese día. Cada uno de ellos se relacionaba con la confianza en el Señor. Lágrimas de alegría inundaron mis ojos y, en un momento, me sentí revitalizada. Mi alma se regocijó, sabiendo que el Señor me proveería de todo lo que necesito. Mis circunstancias no cambiaron, pero mis perspectivas se mudaron a la verdad del Señor. Hay tanto poder en la seguridad de la Palabra de Dios. Sus promesas son anclas que estabilizan nuestras almas en los tormentosos mares de la vida.

9. Lea los siguientes versículos. ¿Qué aprendemos en relación con la Palabra de Dios de cada uno de ellos?

a. **Isaías 40:8:** "La hierba se seca y la flor se marchita, pero la palabra de nuestro Dios permanece para siempre".

b. **Isaías 55:11:** "Así es también la palabra que sale de mi boca: No volverá a mí vacía, sino que hará lo que yo deseo y cumplirá con mis propósitos".

c. **Hebreos 4:12:** "Ciertamente, la palabra de Dios es viva y poderosa, y más cortante que cualquier espada de dos filos. Penetra hasta lo más profundo del alma y del espíritu, hasta la médula de los huesos, y juzga los pensamientos y las intenciones del corazón".

Como madres, necesitamos el renacer, la sabiduría y la revitalización de la Palabra de Dios. La Palabra está viva y activa, y es capaz de lograr exactamente los propósitos que Dios tiene planeados. Mientras que la sabiduría humana cambia con las mareas de las normas culturales, la Palabra de Dios permanece para siempre; una roca en la cual podemos edificar nuestros hogares, confiados en que por su gracia, estos estarán firmes.

El evangelio de Juan nos dice: "Y el Verbo se hizo hombre y habitó entre nosotros" (Jn. 1:14). Esencialmente, Jesús es la viva representación de la Palabra de Dios. Amamos su Palabra porque nos provee un lugar en el cual construir una relación con Jesús. Él camina con nosotras, encontrándonos en cada página.

Pida a Dios que abra sus ojos a las maravillas que esperan ser descubiertas en su Palabra (Sal. 119:18).

Día 2

Como madres, pasamos muchas veces nuestros días saltando de actividad en actividad. Gran parte de nuestras vidas consiste en manejar y arreglar las actividades de nuestros hijos. En nuestra búsqueda del éxito para ellos, sentimos a menudo la presión de involucrarlos en todo tipo de programas atléticos, musicales o académicos.

Por momentos, todo este ir y venir pareciera interferir con mi deseo de ser una paciente y bondadosa madre. Muchas veces me he encontrado enojada y frustrada entre la búsqueda de zapatos deportivos, violines y botellas de agua.

En esos frenéticos momentos, en lugar de alentar pacientemente a mis hijos, frecuentemente me escucho decir ásperamente: "¿No te dije que buscaras eso anoche? ¡Sube al automóvil ahora mismo!". Mientras los ojos de mis niños se agrandan con sorpresa y se apuran a recoger sus cosas, me doy cuenta de que el desbordamiento de mi corazón nuevamente me muestra mi necesidad de la obra transformadora del Espíritu en mi vida.

A fin de evitar situaciones estresantes que tienden a provocar impaciencia e ira, me veo tentada de acomodar mis días con tan pocas actividades como sea posible. Para estar segura, es importante verificar que mi familia no esté sufriendo un muy ocupado calendario. Sin embargo, en lugar de eliminar actividades, mi mayor necesidad es simplemente *añadir* una reunión particular a mi agenda. Todos los días, necesito un tiempo con Jesús. Si bien suena contradictorio, añadir esta reunión promete afectar de manera positiva todas las demás partes de mi día.

1. Justo antes de ir a la cruz, Jesús compartió una última cena con sus discípulos. Durante esa noche, Jesús lavó los pies de ellos, les enseñó, y oró por ellos. Seguramente en esos últimos momentos Jesús quiso transmitirles la sabiduría que más necesitarían en los días y años por venir. Lea **Juan 15:4–11**, teniendo siempre en cuenta que estas son algunas de las últimas palabras que Jesús dijo a aquellos a quienes amó.

   "Permanezcan en mí, y yo permaneceré en ustedes. Así como ninguna rama puede dar fruto por sí misma, sino que tiene que permanecer en la vid, así tampoco ustedes pueden dar fruto si no permanecen en mí. Yo soy la vid y ustedes son las ramas. El que permanece en mí, como yo en él, dará mucho fruto; separados de mí no pueden ustedes hacer nada. El que no permanece en mí es desechado y se seca, como las ramas que se recogen, se arrojan al fuego y se queman. Si permanecen en mí y mis palabras permanecen en ustedes, pidan lo que quieran, y se les concederá. Mi Padre es glorificado cuando ustedes dan mucho fruto y muestran así que son mis discípulos. Así como el Padre me ha amado a mí, también yo los he amado a ustedes. Permanezcan en mi amor. Si obedecen mis mandamientos, permanecerán en mi amor, así como yo he obedecido los mandamientos de mi Padre y permanezco en su amor. Les he dicho esto para que tengan mi alegría y así su alegría sea completa".

a. De acuerdo con este pasaje, ¿cómo describiría usted el permanecer en Jesús? (Otras versiones de la Biblia usan la palabra *estar*).

b. ¿Cuáles son los resultados de permanecer en Cristo?

c. ¿Qué par de componentes del estar en Cristo se mencionan en el versículo 7?

d. ¿Qué papel juega la obediencia en nuestra capacidad de estar en Cristo? (v. 10).

e. ¿Por qué Jesús les dijo a sus discípulos que permanecieran en Él? ¿Cuál era su esperanza para ellos? (vv. 8, 11).

f. ¿Qué ocurre cuando no permanecemos en Jesús? (vv. 5, 6).

2. ¿De qué manera intenta usted criar a sus hijos mediante sus propias fuerzas y capacidades, aparte de estar primeramente en Cristo?

3. ¿Cómo puede usted confiar hoy sus preocupaciones a Jesús y permanecer en Él?

4. Lea **Colosenses 3:16–17.**

"Que habite en ustedes la palabra de Cristo con toda su riqueza: instrúyanse y aconséjense unos a otros con toda sabiduría; canten salmos, himnos y canciones espirituales a Dios, con gratitud de corazón. Y todo lo que hagan, de palabra o de obra, háganlo en el nombre del Señor Jesús, dando gracias a Dios el Padre por medio de él".

a. ¿De qué diferentes formas usamos la Palabra de Dios en nuestras vidas?

b. ¿Qué significa hacer algo en el nombre de Jesús? ¿Qué papel cumple la Palabra de Dios en ayudarnos a vivir de esta manera?

El apóstol Pablo le escribió a la iglesia en Galacia explicando que "el fruto del Espíritu es amor, alegría, paz, paciencia, amabilidad, bondad, fidelidad, humildad y dominio propio" (Gl. 5:22, 23). Solo al estar en Cristo daremos el fruto de su Espíritu. Necesitamos una fuente de fuerza externa a nosotras para convertirnos en las madres que anhelamos ser.

Cuando la impaciencia, la ira o el descontento se acumulan en nuestros corazones, son señales de que estamos siendo madres por nuestras propias fuerzas. En lugar de tratar solo con nuestra conducta, necesitamos que el Señor renueve y recargue nuestros corazones. De la misma forma en que un teléfono celular pierde potencia y necesita recargarse, nuestras almas encuentran nuevas energías estando en Jesús. Sin estos momentos nos hallaremos desgastados, desalentados e incapaces de dar fruto. Pasar tiempo a diario con Jesús no es algo que ocurre espontáneamente; requiere de planificación. La animo a elegir un momento apropiado en su agenda diaria. Usted podría también beneficiarse al usar una guía de estudios o un devocional que le provea de dirección y conocimientos mientras estudia. Si tiene la oportunidad de combinar su estudio personal con un grupo de mujeres, será de bendición adicional el aprender de otras, así como también el compartir lo que está aprendiendo.

Busque al Señor en oración, pidiéndole que renueve y revitalice su corazón mientras usted permanece en su Palabra. Tome aliento, especialmente de las palabras de Jesús en la víspera de su muerte: "Para que tengan mi alegría y así su alegría sea completa" (Jn. 15:11). Permanecer en Jesús no es simplemente una cosa más que ha de añadir a su lista de quehaceres, ¡es una invitación al gozo!

Día 3

Mientras permanecemos en el Señor y nuestras mentes son transformadas por el tiempo que pasemos en la Palabra, estaremos siendo equipadas cada vez más para hablar con sabiduría a nuestros hijos. El libro de Proverbios es una fuente abundante de conocimientos para ayudarnos a andar en los caminos de la sabiduría. Nos enseña a ganar entendimiento, los beneficios de la sensatez, y las consecuencias de la necedad.

Si deseamos convertirnos en madres sabias, Proverbios es el sitio adecuado para empezar. Inicie su tiempo de hoy en oración, pidiendo tener un encuentro con Dios mientras estudia.

1. Subraye lo que pueda aprender acerca de la sabiduría en los siguientes pasajes.

   a. **Proverbios 10:8**

   "El de sabio corazón acata las órdenes, pero el necio y rezongón va camino al desastre".

b. **Proverbios 14:1**

"La mujer sabia edifica su casa; la necia, con sus manos la destruye".

c. **Proverbios 16:16**

"Más vale adquirir sabiduría que oro; más vale adquirir inteligencia que plata".

d. **Proverbios 19:20**

"Atiende al consejo y acepta la corrección, y llegarás a ser sabio".

e. **Proverbios 24:3–4**

"Con sabiduría se construye la casa; con inteligencia se echan los cimientos. Con buen juicio se llenan sus cuartos de bellos y extraordinarios tesoros".

f. **Proverbios 28:26**

"Necio es el que confía en sí mismo; el que actúa con sabiduría se pone a salvo".

Estos pasajes revelan que cuando enseñamos a nuestros niños las verdades de la Biblia, les damos algo mejor que el oro o la plata. Les estamos proveyendo riquezas eternas para su tránsito terrenal.

2. El segundo capítulo de Proverbios refiere las palabras que dijo el rey Salomón a su hijo, urgiéndole con pasión a seguir en el camino de la sabiduría y caminar fielmente con Dios. Lea **Proverbios 2:1–12:**

"Hijo mío, si haces tuyas mis palabras y atesoras mis mandamientos; si tu oído inclinas hacia la sabiduría y de corazón te entregas a la inteligencia; si llamas a la inteligencia y pides discernimiento; si la buscas como a la plata, como a un tesoro escondido, entonces comprenderás el temor del Señor y hallarás el conocimiento de Dios. Porque el Señor da la sabiduría; conocimiento y ciencia brotan de sus labios. Él reserva su ayuda para la gente íntegra y protege a los de conducta intachable. Él cuida el sendero de los justos y protege el camino de sus fieles. Entonces comprenderás la justicia y el derecho, la equidad y todo buen camino; la sabiduría vendrá a tu corazón, y el conocimiento te endulzará la vida. La discreción te cuidará, la inteligencia te protegerá. La sabiduría te librará del camino de los malvados, de los que profieren palabras perversas".

a. ¿Cómo nos ayuda la Palabra de Dios a conocerle a Él? (v. 5).

b. ¿Cómo buscaremos activamente la sabiduría según este pasaje? (mire los verbos utilizados) ¿Cuáles son las formas y fuentes de las cuales vamos a buscarla?

c. ¿Qué promesas son dadas a aquellos que andan en la sabiduría del Señor? Liste diez beneficios prometidos a los que buscan la sabiduría.

En algún punto, cada uno de nuestros hijos saldrá de la seguridad de nuestro cuidado. Qué alentador es pensar que la sabiduría y la discreción que aprendan de la Palabra de Dios los podrá proteger y guardar aún cuando no podamos estar cerca de ellos.

Tómese unos momentos para volver a leer Proverbios 2:1–12 y ore en estos versículos, específicamente por cada uno de sus hijos. Ore también para que Dios la llene del fervor de Salomón por la sabiduría mientras le enseña la Biblia a sus hijos.

Día 4

La semana pasada leímos los siguientes versículos de Deuteronomio. Es un pasaje tan útil, que quise volver a meditar hoy en él, y tomar un poco más en cuenta cómo podemos incorporar la Palabra de Dios en nuestras conversaciones diarias con nuestros hijos, y cultivar el amor por Dios en sus corazones. La aliento a pedirle a Dios que le dé creatividad y sabiduría mientras piensa en cada uno de sus hijos.

Lea **Deuteronomio 6:4–9**:

> "Escucha, Israel: El Señor nuestro Dios es el único Señor. Ama al Señor tu Dios con todo tu corazón y con toda tu alma y con todas tus fuerzas. Grábate en el corazón estas palabras que hoy te mando. Incúlcaselas continuamente a tus hijos. Háblales de ellas cuando estés en tu casa y cuando vayas por el camino, cuando te acuestes y cuando te levantes. Átalas a tus manos como un signo; llévalas en tu frente como una marca; escríbelas en los postes de tu casa y en los portones de tus ciudades".

1. ¿Por qué cree usted que es importante hablar con nuestros hijos sobre la Palabra de Dios y sus mandamientos todos los días, y no solo los domingos en la iglesia?

2. Usted puede colocar versículos en diversos lugares de su hogar para animarla durante el día. Tome un momento para buscar uno de sus versículos favoritos (o escriba la anterior porción del Deuteronomio) y anótelo en una tarjeta tipo ficha, colocándolo luego en un lugar en el que usted lo vea todos los días: al lado del fregadero, en el espejo, la lavadora, o en su automóvil. Al final de este libro encontrará una lista de versículos sugeridos para memorizar con toda su familia. Aparte un momento para revisarlos ahora, y escoja uno que pueda ser alentador para su hijo.

El Salmo 119 es otro de mis pasajes favoritos. Casi todos sus 176 versículos ensalzan los beneficios y las bendiciones de la Palabra de Dios. Si tiene tiempo, lea este Salmo en su totalidad. He seleccionado algunas partes para reflexionar en ellas hoy.

3. Lea el **Salmo 119:9–16**.

> "¿Cómo puede el joven llevar una vida íntegra? Viviendo conforme a tu palabra. Yo te busco con todo el corazón; no dejes que me desvíe de tus mandamientos. En mi corazón atesoro tus

dichos para no pecar contra ti. ¡Bendito seas, Señor! ¡Enséñame tus decretos! Con mis labios he proclamado todos los juicios que has emitido. Me regocijo en el camino de tus estatutos más que en todas las riquezas. En tus preceptos medito, y pongo mis ojos en tus sendas. En tus decretos hallo mi deleite, y jamás olvidaré tu palabra".

a. ¿Qué bendiciones se obtienen de vivir de acuerdo con la Palabra de Dios?

b. ¿De qué formas buscó el salmista la Palabra de Dios?

4. Lea el **Salmo 119:49–52**.

"Acuérdate de la palabra que diste a este siervo tuyo, palabra con la que me infundiste esperanza. Este es mi consuelo en medio del dolor: que tu promesa me da vida. Los insolentes me ofenden hasta el colmo, pero yo no me aparto de tu ley. Me acuerdo, Señor, de tus juicios de antaño, y encuentro consuelo en ellos".

a. Según el pasaje, ¿cuál fue la bendición que obtuvo el salmista de la Palabra de Dios?

b. Dado que no estaremos siempre a la disposición de nuestros hijos para consolarlos cuando sufran, ¿de qué manera enseñarles la Palabra de Dios es una bendición para ellos?

5. Lea el **Salmo 119:169–176**.

"Que llegue mi clamor a tu presencia; dame entendimiento, Señor, conforme a tu palabra. Que llegue a tu presencia mi súplica; líbrame, conforme a tu promesa. Que rebosen mis labios de alabanza, porque tú me enseñas tus decretos. Que entone mi lengua un cántico a tu palabra, pues todos tus mandamientos son justos. Que acuda tu mano en mi ayuda, porque he escogido tus preceptos. Yo, Señor, ansío tu salvación. Tu ley es mi regocijo. Déjame vivir para alabarte; que vengan tus juicios a ayudarme. Cual oveja perdida me he extraviado; ven en busca de tu siervo, porque no he olvidado tus mandamientos".

a. Según lo leído en estos versículos, ¿de qué manera conocer la Palabra de Dios enseña a un niño a adorar y orar?

b. ¿Cómo ayuda a un niño extraviado el conocer la Palabra de Dios?

Sabemos por el estudio de esta semana que la Palabra de Dios está viva y activa. Cuando la enseñamos a nuestros hijos, los bendecimos con el conocimiento de Dios, los educamos en el entendimiento de sus caminos, y les mostramos una senda que los hará sabios para la salvación.

Cuando nuestros hijos eran jóvenes, mi esposo y yo elegimos un versículo para orar por ellos durante sus vidas. Para nuestra hija Emma, escogimos Efesios 3:16–19:

"Le pido que, por medio del Espíritu y con el poder que procede de sus gloriosas riquezas, los fortalezca a ustedes en lo íntimo de su ser, para que por fe Cristo habite en sus corazones. Y pido que, arraigados y cimentados en amor, puedan comprender, junto con todos los santos, cuán ancho y largo, alto y profundo es el amor de Cristo; en fin, que conozcan ese amor que sobrepasa nuestro conocimiento, para que sean llenos de la plenitud de Dios".

Para nuestro hijo John, nos decidimos por Colosenses 1:10–12:

"[...] para que vivan de manera digna del Señor, agradándole en todo. Esto implica dar fruto en toda buena obra, crecer en el conocimiento de Dios y ser fortalecidos en todo sentido con su glorioso poder. Así perseverarán con paciencia en toda situación, dando gracias con alegría al Padre. Él los ha facultado para participar de la herencia de los santos en el Reino de la luz".

Para Kate, nuestra hija más pequeña, tomamos Romanos 15:13:

> "Que el Dios de la esperanza los llene de toda alegría y paz a ustedes que creen en Él, para que rebosen de esperanza por el poder del Espíritu Santo".

Para cerrar el tiempo de estudio hoy, la urjo a que lea diferentes pasajes de las Escrituras que usted disfrute, y escoja un versículo con el que pueda orar por cada uno de sus hijos durante sus vidas. Las Escrituras están llenas de maravillosas Palabras con las cuales orar por sus niños. Si no sabe por dónde comenzar, he aquí algunos versículos que le sería útil tomar en consideración: Filipenses 1:9–11; Efesios 1:17–19; Romanos 12 y el Salmo 1. Escriba la referencia en el siguiente espacio y ore para que Dios haga una realidad ese versículo para su hijo.

Día 5: Caminemos juntas como madres

> "Toda la Escritura es inspirada por Dios y útil para enseñar, para reprender, para corregir y para instruir en la justicia, a fin de que el siervo de Dios esté enteramente capacitado para toda buena obra".
> —2 Timoteo 3:16–17

Cuando tenía trece años, mis padres me regalaron un "año bíblico" que proveía una lectura para cada día del año. Leía un pasaje del Antiguo Testamento, del Nuevo Testamento, de los Salmos y de los Proverbios cada día, y así, al final del año ya había leído la Biblia completa. Esto me creó un hábito de lectura diaria de la Biblia que he mantenido hasta la adultez.

Hay dos cosas de mi estudio personal de la Biblia que nunca dejan de maravillarme. Primero, aún siento como que no conozco la Biblia muy bien. Sigo consiguiendo historias y versículos que me parecen nuevos. Si bien puede deberse a que soy lenta para comprender, ningún otro libro tiene el mismo efecto. Me encanta leer a Charles Dickens, Jane Austen, Edith Wharton, y una serie de otros grandes autores, pero sus trabajos no tienen comparación con la profundidad que encuentro en las Escrituras.

La segunda cosa que me asombra es la manera en que Dios hace nuevas para mí historias que me son familiares, incluso después de años estudiándolas. Las historias no cambian, pero mis circunstancias sí. Por su gracia, Él me habla de nuevas maneras. Puede ser que un detalle en particular en una historia se ajuste a algo que estoy enfrentando en el momento; o que entienda el pasaje desde una nueva perspectiva. La Palabra de Dios es realmente viva y poderosa (Heb. 4:12). El alimento de su Palabra es el maná del día. No me he saciado de probarlo. Y espero nunca hacerlo.

De estos años de lectura de la Biblia, he experimentado las bendiciones de la Palabra de Dios. Su Palabra ha revitalizado mi agotado corazón, ha dado luz a mis ojos, ha traído gozo, ha provisto consuelo y concedido sabiduría (Sal. 19). Sin embargo, también puedo decir que no todo esto llega en un solo momento. El avivamiento y el gozo llega con el tiempo, no al instante de empezar a leerla.

Vivimos en una sociedad frenética, y muchas veces ansiamos gratificación instantánea. Algunas veces queremos las bendiciones, aunque sin permanecer en Él. Pero Dios ha vinculado indisolublemente las más dulces bendiciones en la vida con el permanecer en su presencia, de tal manera que entendamos que Él es la fuente de toda bondad. Así como nuestros cuerpos fueron creados para necesitar varias comidas al día, Dios diseñó nuestra alma para que prospere al ser alimentada habitualmente con su Palabra.

La Biblia es mucho más que un libro de texto espiritual; es una invitación a una relación con Jesús. Pudiéramos no encontrar las respuestas exactas que buscamos dentro de sus páginas. Tal vez quisiéramos que la Biblia nos dijera cómo poner a nuestros hijos en un saludable régimen de sueño, o cuánta televisión es dañina para su desarrollo mental.

Aunque la Biblia no es precisamente un manual sobre cómo criar a los hijos, sí es la mejor fuente de sabiduría para cualquier madre. Tras semanas y años de permanecer en oración y en la Palabra, Dios lentamente transforma nuestras mentes, convirtiéndonos en mujeres que "cuando hablan, lo hacen con sabiduría; cuando instruyen, lo hacen con amor" (Pr. 31:26).

De una forma gloriosa y misteriosa, Dios moldea y renueva nuestras mentes a través del tiempo que pasamos en la Palabra, de manera que tengamos sabiduría sobrenatural y discernimiento sobre asuntos no discutidos específicamente en las Escrituras. Al irnos familiarizando cada vez más con el carácter de Dios, tenemos mejor idea de lo que le agrada a Él y de lo que será mejor para nuestros hijos.

Por naturaleza, a los niños les gusta lo que a nosotras nos gusta. Al vernos disfrutar de la Palabra de Dios, ellos irán gustando también de ella. Muchas veces, un pasaje que estoy estudiando emerge en una conversación con mi hijo al final del día. Cuando estudiaba el libro de Josué, mi hija mayor se estaba sintiendo temerosa de una situación particular en la escuela. Hablamos entonces de la orden de Dios de ser "esforzada y valiente", y la forma en que Dios prometió que estaría con ella dondequiera que fuera (Jos. 1:9). Estudiar esa parte de las Escrituras esa mañana, me preparó y me instruyó. Como un depósito hecho puntualmente, me dio una fuente de sabiduría de la cual inspirarme al hablar con mi hija mientras conducía.

Aparte de entretejerla en nuestras conversaciones habituales, es útil planificar formas de introducir la Biblia de manera continua en las vidas de nuestros hijos. La música es una maravillosa forma de ayudar a los niños pequeños a aprender la Biblia. Yo paso muchas horas en el automóvil escuchando temas para niños de Steve Green, Judy Rogers y Jamie Soles.

Durante su crecimiento, hacer que los niños memoricen versículos de las Escrituras es una forma importante de introducir la Palabra de Dios en sus corazones. Es también un desafío saludable para un adolescente leer toda la Biblia en un año. Que usted los aliente a ello le rendirá muchos beneficios de por vida.

Ayudar a sus hijos a desarrollar una vida devocional rica es una bendición que les dará a ellos sabiduría para la salvación y al Espíritu Santo muchas verdades Escriturales que traerles a sus mentes (Jn. 14:26), los guardará del pecado (Sal. 119:11), y reforzará su fe a lo largo de sus vidas (Sal. 1).

Termine su tiempo de estudio de hoy en oración, pensando en las maneras en que puede traer la Palabra de Dios a su vida materna con más regularidad. Trate de no sentirse abrumada. ¡No tiene que hacerlo todo de una vez! Añadir la Palabra de Dios en pequeños pasos con el tiempo puede rendir grandes resultados. Pida a Dios una forma específica en la cual usted pueda permanecer más tiempo en su Palabra y una forma en la que pueda llevarla a la vida de sus hijos esta semana. Al final de este libro, he incluido dos medios para ayudarle a encontrar maneras prácticas de traer la Palabra de Dios a su hogar. Uno es una hoja de memorización de versículos para usted, contentiva de doce versículos (uno para cada mes) que he encontrado particularmente beneficiosa en nuestro papel de madres. El segundo medio es una lista de doce versículos que mi marido y yo hemos dado a nuestros hijos para memorizar, así como unos detalles de cómo discutir el versículo para ayudar al niño a comprender un tópico en particular.

Espero que encuentre útiles estos materiales, y oro al Señor para que su Palabra la revitalice, refresque y restaure en esta dulce etapa de la maternidad.

❧ Semana 3 ❧

Confíele su hijo al Señor

Camine en la oración

Día 1

Crecí en Raleigh, Carolina del Norte, y asistí a la universidad de Carolina del Norte en Chapel Hill, que se encontraba apenas a cuarenta y cinco minutos de mi casa. La estabilidad de mi niñez me permitió disfrutar de amistades con las cuales compartí desde el preescolar hasta los años de universidad. Cuando mi esposo y yo nos casamos, él trabajaba como pastor asociado en una iglesia en las afueras de Phoenix, Arizona. Aunque me entristeció dejar a mi amada familia y mis amigos, también me entusiasmaba acompañar a mi esposo e iniciar nuestra vida juntos.

Pocas semanas después de mudarme a Arizona, conseguí un trabajo en Scottsdale. Me quedaba relativamente cerca, a treinta y cinco minutos de viaje. Un día, mientras conducía a casa desde el trabajo, noté que salía humo del motor mi automóvil. Rápidamente me salí de la vía y entré a un estacionamiento.

Otro automóvil venía detrás de mí. Cuando me bajé, una mujer muy bien vestida bajó la ventanilla y me preguntó amablemente si necesitaba usar su teléfono celular para hacer alguna llamada. En ese entonces era bastante inusual que alguien tuviera un celular, así que agradecí que se detuviera y se tomara el tiempo para comprobar que yo estaba bien.

Pero al pensar en su pregunta me di cuenta, con gran preocupación, de que no tenía a nadie a quien llamar. Mi esposo se encontraba de viaje y yo había dejado mi agenda (otro vestigio de la era precelular) sobre el escritorio de mi oficina. Allí estaban anotados los detalles de su viaje, al igual que la pequeña lista de teléfonos que había recopilado en mi poco tiempo viviendo en Arizona.

Mientras la señora esperaba pacientemente, me di cuenta de que todas las personas cuyos números sabía de memoria vivían a dos mil millas (más de tres mil kilómetros) de distancia. Le agradecí por detenerse a ayudarme, y le dije que no sabía a quién llamar en ese momento. La vi alejarse, apoyé mi cabeza sobre el volante y comencé a llorar. Me sentí completamente sola. El hecho de no tener a quien llamar solo acentuó la soledad que ya sentía por haberme mudado al otro extremo del país. Estaba en una gran ciudad, pero me encontraba totalmente aislada.

¿Ha tenido alguna vez una experiencia similar, en la que se sintió como si no tuviera a quien llamar? Pero la verdad es que cada uno de nosotros siempre tiene a alguien a quien llamar para pedirle ayuda. Gracias a su gran amor por nosotros, el Señor escucha nuestro clamor y nuestras oraciones. En su Palabra, Dios nos habla, y en la oración, tenemos la oportunidad de hablar con Él.

La oración es vital para la salud de cualquier cristiano, especialmente para las madres. En esta etapa es fácil sentirse aislada. Su hijo tiene fortalezas y luchas que son únicas, y usted es la persona a la que Dios le ha confiado ser su madre. Es una bendición, ¡pero algunas veces se siente como una responsabilidad abrumadora! Recurrir a la oración con nuestros corazones y mentes nos sujeta a Aquel que puede proveernos todo lo que necesitamos.

Hoy comenzaremos con los Salmos, un maravilloso libro de oraciones e himnos y una rica fuente de inspiración para nuestras conversaciones con Dios.

1. Lea el **Salmo 86**, la oración de David

> "Atiéndeme, Señor; respóndeme, pues pobre soy y estoy necesitado. Presérvame la vida, pues te soy fiel. Tú eres mi Dios, y en ti confío; ¡salva a tu siervo! Compadécete, Señor, de mí, porque a ti clamo todo el día. Reconforta el espíritu de tu siervo, porque a ti, Señor, elevo mi alma. Tú, Señor, eres bueno y perdonador; grande es tu amor por todos los que te invocan. Presta oído, Señor, a mi oración; atiende a la voz de mi clamor. En el día de mi angustia te invoco, porque tú me respondes. No hay, Señor, entre los dioses otro como tú, ni hay obras semejantes a las tuyas. Todas las naciones que has creado vendrán, Señor, y ante ti se postrarán y glorificarán tu nombre. Porque tú eres grande y haces maravillas; ¡solo tú eres Dios! Instrúyeme, Señor,

en tu camino para conducirme con fidelidad. Dame integridad de corazón para temer tu nombre. Señor mi Dios, con todo el corazón te alabaré, y por siempre glorificaré tu nombre. Porque grande es tu amor por mí: me has librado de caer en el sepulcro. Gente altanera me ataca, oh Dios; una banda de asesinos procura matarme. ¡Son gente que no te toma en cuenta! Pero tú, Señor, eres Dios clemente y compasivo, lento para la ira, y grande en amor y verdad. Vuélvete hacia mí, y tenme compasión; concédele tu fuerza a este siervo tuyo. ¡Salva a tu hijo fiel! Dame una muestra de tu amor, para que mis enemigos la vean y se avergüencen, porque tú, Señor, me has brindado ayuda y consuelo".

a. ¿Cómo se describe David a sí mismo en este salmo? (vv. 1–4).

b. ¿Qué puede concluir sobre las circunstancias de David en este Salmo? (v. 14).

c. Enumere las cosas que David pidió al Señor.

d. Escriba todo aquello que David creía acerca de Dios según este pasaje.

2. ¿En qué cree que su vida de oración se asemeja a la de David? ¿En qué se diferencia?

3. ¿Cómo y cuándo ora usted normalmente? ¿Escribe usted sus oraciones, las hace en voz alta, o se las transmite silenciosamente al Señor?

4. ¿Qué puede hacer para orar más durante el día? ¿De qué formas le gustaría desarrollar una vida de oración más profunda?

Si algo me sorprendió de este Salmo es con cuanta fidelidad David describió el carácter de Dios cuando oraba. ¡Él no estaba tratando de ganar el favor de Dios con su alabanza como a veces intentan hacerlo nuestros hijos! David estaba aferrado en la fe por las verdades que él sabía de Dios. Cuando oraba, David recordaba la bondad de Dios, su fidelidad, su compasión y su amor. Estos pensamientos lo incentivaban a orar con mayor fervor.

David reconocía que era pobre y estaba necesitado y que Dios es rico en misericordia y abundante en amor. Anímese: no es necesario que usted tenga su vida organizada antes de comenzar a orar. Vaya al Él en medio de su problema. Derrame su corazón ante Dios. Él usa nuestras dificultades para demostrarnos su capacidad de escuchar nuestro clamor y responder a nuestras peticiones. Dios brilla con gloria esplendorosa entre las imperfecciones de nuestras vidas, para que sepamos que todo lo bueno proviene de Él.

Aquella tarde, años atrás, cuando estaba con la cabeza apoyada sobre el volante en medio del desierto de Arizona, oré, pidiéndole ayuda a Dios. Después de unos minutos, recordé que una semana antes, mi esposo y yo habíamos salido con Donnie y Destiny, una pareja de nuestra iglesia. Donnie nos había dado a cada uno una tarjeta de negocios suya.

Tan pronto lo recordé, comencé a hurgar dentro de mi bolso, ¡y encontré la tarjeta! Caminé hasta una pequeña tienda donde pedí prestado el teléfono, y llamé a Donnie. Asombrosamente, aún estaba en su oficina y se estaba preparando para salir. Vino inmediatamente al estacionamiento donde me encontraba. Miró el motor y descubrió que había que cambiar una manguera. Fue a una tienda de repuestos cercana, compró la manguera y la colocó. Una hora después, ya yo estaba conduciendo a casa.

En medio del desierto de Arizona, yo no estaba sola. Dios estaba conmigo y escuchó mi clamor. Sentí soledad y desesperación, pero el Señor proveyó exactamente lo que yo necesitaba.

En esta etapa de la maternidad, usted a veces puede sentirse sola. La ayuda puede parecer fuera de su alcance. La buena noticia es que Dios promete nunca dejarnos ni abandonarnos. El Salmo 121 nos recuerda que Aquel que cuida de nosotros nunca duerme ni se descuida. Termine su tiempo de oración de hoy releyendo la oración de David. Mientras la lee, aprópiese de ella, y recite sus palabras en su nombre y en el de su familia. La animo, de ser posible, a que la lea en voz alta, o que la copie de manera que la pueda personalizar para sus familiares. Cuando en ella se mencionen circunstancias que no se apliquen a usted (con suerte, no hay una banda de asesinos que procura matarla), inserte sus propias luchas y aquellos aspectos en los que necesita ser rescatada por Dios.

Día 2

Ayer estudiamos una de las oraciones de David. El escribió setenta y tres salmos, y sus oraciones van desde las alabanzas más gozosas hasta los lamentos más profundos. Leer un salmo al día es un gran ejercicio para profundizar su vida de oración. He encontrado que no hay otro libro que lea tan a menudo, cuando busco palabras para expresar mis emociones. Sean días de luchas o momentos de deleite, los salmos nos ayudan a aprender a orar.

Hoy veremos el ejemplo de Jesús y sus enseñanzas sobre la oración. Siendo Jesús uno con el Padre, parecería innecesario que tuviera tiempo de oración. Sin embargo, como leerá en los próximos versículos, Jesús se tomaba tiempo para orar y con ello nos dio un ejemplo a seguir.

1. Lea los siguientes versículos:

"Cuando se despidió, fue a la montaña para orar" (**Mc. 6:46**).

"Él, por su parte, solía retirarse a lugares solitarios para orar" (**Lc. 5:16**).

"Por aquel tiempo se fue Jesús a la montaña a orar, y pasó toda la noche en oración a Dios" (**Lc. 6:12**).

a. ¿Qué le enseña este pasaje sobre la frecuencia y extensión de las oraciones de Jesús?

b. ¿A dónde iba Jesús a orar? ¿Por qué cree usted que iba a esos lugares?

La humanidad de Jesús se hace evidente al leer estos versículos. Aun cuando Él estaba en comunión constante y completa con el Padre, todavía tenía que retirarse para estar solo y orar. Me gusta imaginarme a Jesús, escabulléndose en silencio, buscando la intimidad con el Padre que solo la oración ofrece.

Así como Jesús se retiraba fielmente a orar, nosotras tenemos que alejarnos del ajetreo de nuestras vidas y encontrar algo de tiempo para la oración. Es cierto que podemos orar "en el camino", por así decirlo, pero hoy la animo a que tome tiempo intencionalmente para orar. El Evangelio de Lucas nos dice que Jesús se retiraba con frecuencia a lugares solitarios. Sé que quizás esté pensando: *no hay lugares solitarios en mi casa, ¡no puedo ni siquiera ir al baño sola!* Su meta podría ser entonces conseguir un tiempo a solas en lugar de un lugar a solas. Levantarse temprano, orar al lado de la cama de su hijo en la noche o usar parte del tiempo de las siestas puede brindarle un poco de tiempo para orar con tranquilidad.

2. Además de enseñarnos con su ejemplo que debemos apartar tiempo para la oración, Jesús también nos enseñó cómo orar. Lea los siguientes pasajes del Evangelio de Mateo para ver qué orientación puede obtener:

"Pero yo les digo: amen a sus enemigos y oren por quienes los persiguen" (**Mt. 5:44**).

"Cuando oren, no sean como los hipócritas, porque a ellos les encanta orar de pie en las sinagogas y en las esquinas de las plazas para que la gente los vea. Les aseguro que ya han obtenido toda su recompensa. Pero tú, cuando te pongas a orar, entra en tu cuarto, cierra la puerta y ora a tu Padre, que está en lo secreto. Así tu Padre, que ve lo que se hace en secreto, te recompensará. Y al orar, no hablen solo por hablar como hacen los gentiles, porque ellos se imaginan que serán escuchados por sus muchas palabras. No sean como ellos, porque su Padre sabe lo que ustedes necesitan antes de que se lo pidan. Ustedes deben orar así: 'Padre nuestro que estás en el cielo, santificado sea tu nombre, venga tu Reino, hágase tu voluntad en la tierra como en el cielo. Danos hoy nuestro pan cotidiano. Perdónanos nuestras deudas, como también nosotros hemos perdonado a nuestros deudores. Y no nos dejes caer en tentación, sino líbranos del maligno'. Porque si perdonan a otros sus ofensas, también los perdonará a ustedes su Padre celestial. Pero si no perdonan a otros sus ofensas, tampoco su Padre les perdonará a ustedes las suyas" (**Mt. 6:5–15**).

a. ¿Qué ha aprendido de estos pasajes en cuanto a por quién debemos orar?

b. ¿Qué debemos evitar hacer cuando oramos?

c. ¿A dónde dijo Jesús a sus discípulos que fueran a orar?

3. Mateo 6:9–13 es conocido comúnmente como el "Padre Nuestro". Tome cada una de las líneas que siguen, y reescríbalas con sus propias palabras para reflejar las circunstancias que usted está pasando: *¿Cómo puede usted buscar santificar a Dios hoy? ¿Dónde puede ayudar a construir su Reino hoy? ¿Qué necesita hoy del Señor? ¿Qué pecado usted necesita confesar? ¿A quién necesita perdonar? ¿Qué tentaciones está enfrentando?*

a. Padre nuestro que estás en el cielo, santificado sea tu nombre.

b. Venga tu Reino, hágase tu voluntad en la tierra como en el cielo.

c. Danos hoy nuestro pan cotidiano.

d. Perdónanos nuestras deudas, como también nosotros hemos perdonado a nuestros deudores.

e. Y no nos dejes caer en tentación, sino líbranos del maligno.

Supongo que, como yo, usted no ora de esta forma con frecuencia. Muchas veces vengo a orar con una lista de peticiones para que el Señor las cumpla. Algunas veces, parece que estoy orando para que se haga mi voluntad, más que la voluntad de Dios. El ejemplo de Jesús nos plantea una orientación totalmente diferente. Nos instruye a pedir primero que el nombre de Dios sea honrado en toda la tierra. Pensando en esto, me pregunto si es necesario que pidamos algo más. Si el nombre de Dios fuese honrado correctamente y su voluntad fuese hecha en la tierra como en el cielo, ¿no desaparecerían todos los problemas de nuestra vida?

Aun así, Dios nos invita a derramar nuestros corazones delante de Él. Podemos pedirle vida espiritual, pan material, un corazón perdonador, obediencia gozosa y protección del mal. Él establece una meta más grande de su gloria como nuestra prioridad, pero también nos invita a orar por todas las circunstancias de nuestra vida. Él conoce todas nuestras preocupaciones antes de que salgan de nuestras bocas. La oración es tanto un medio para que Dios realice sus propósitos para nosotros, como una oportunidad para que profundicemos nuestra relación con Él. También sirve como ejemplo para nuestros hijos.

John Randolph, un congresista estadounidense, contemporáneo de Thomas Jefferson, le dijo una vez dijo a un compañero: "Creo que yo me habría perdido en la marea de infidelidad de los franceses si no hubiera sido por una cosa: el recuerdo de mi infancia cuando mi consagrada madre me hacía arrodillarme a su lado, poniendo mis manitos dobladas en las de ella, haciéndome repetir el padrenuestro".[6]

Para cerrar el día de hoy, la animo a enseñarles a sus hijos el padrenuestro y ayudarlos a aprenderlo de memoria. Escríbalo y estúdienlo antes de irse a la cama, en el automóvil, a la hora del baño o en la mesa a la hora de cenar. Enseñar a nuestros hijos a orar cuando aún son jóvenes les va abriendo el camino hacia Dios a medida que crecen.

Día 3

Cuando yo era joven, mi madre entraba a mi habitación todas las noche a escuchar mis oraciones. Es extraño que yo a estas alturas no sea veterinaria, porque en la mayoría de mis oraciones le pedía a Dios que ayudara a todos los animales que no tenían hogar. Si bien los contenidos de mis oraciones eran bastante simples, las lecciones aprendidas durante aquellos minutos, cada noche, son profundas. Tomándose el tiempo para orar conmigo cada noche, mi madre me enseñó el hábito de la oración diaria.

Cuando tenía quince años, el devocional que yo utilizaba en ese momento me exigía tener la disciplina espiritual de mantener un diario semanal. No estaba segura de qué escribir en mi diario, así que empecé a escribirle cartas a Dios todos los días. Descubrí que disfrutaba mucho al escribirle mis plegarias a Dios, y he continuado haciéndolo durante los últimos veinticinco años. Ahora tengo una colección de diarios de oración. Cada uno representa una etapa de mi relación con el Señor, y provee un testimonio extraordinario de su fidelidad.

He descubierto que escribir mis oraciones me mantiene enfocada, y me motiva a orar con una mayor precisión y profundidad. Me permite ver las formas en que Dios ha respondido mis oraciones, a veces el mismo día que he hecho algunas peticiones en particular. En mi diario de oración yo derramo mi corazón y le confío mis preocupaciones a Jesús. Claro, no a todo el mundo le gusta escribir, y usted quizás prefiera decir sus oraciones aislada y en silencio, o hacerlo en voz alta. Sea cual sea la forma en que usted prefiera orar, la animo a incorporar las escrituras a su tiempo de oración. Las oraciones de la Biblia nos dan una comprensión profunda sobre como orar correctamente por aquellos que amamos.

Hoy veremos cómo Pablo oraba por las diferentes iglesias a las que ministró durante sus viajes misioneros. Pablo era un padre espiritual para aquellas iglesias, y sus oraciones pueden enseñarnos cómo orar por nuestros hijos.

1. Lea los siguientes pasajes, y subraye las peticiones que Pablo hacía por cada una de las iglesias.

a. **Efesios 1:15–19**

"Por eso yo, por mi parte, desde que me enteré de la fe que tienen en el Señor Jesús y del amor que demuestran por todos los santos, no he dejado de dar gracias por ustedes al recordarlos en mis oraciones. Pido que el Dios de nuestro Señor Jesucristo, el Padre glorioso, les dé el Espíritu de sabiduría y de revelación, para que lo conozcan mejor. Pido también que les sean iluminados los ojos del corazón para que sepan a qué esperanza él los ha llamado, cuál es la riqueza de su gloriosa herencia entre los santos, y cuán incomparable es la grandeza de su poder a favor de los que creemos. Ese poder es la fuerza grandiosa y eficaz".

b. **Efesios 3:14–21**

"Por esta razón me arrodillo delante del Padre, de quien recibe nombre toda familia en el cielo y en la tierra. Le pido que, por medio del Espíritu y con el poder que procede de sus gloriosas riquezas, los fortalezca a ustedes en lo íntimo de su ser, para que por fe Cristo habite en sus corazones. Y pido que, arraigados y cimentados en amor, puedan comprender, junto con todos los santos, cuán ancho y largo, alto y profundo es el amor de Cristo; en fin, que conozcan ese amor que sobrepasa nuestro conocimiento, para que sean llenos de la plenitud de Dios. Al que puede hacer muchísimo más que todo lo que podamos imaginarnos o pedir, por el poder que obra eficazmente en nosotros, ¡a él sea la gloria en la Iglesia y en Cristo Jesús por todas las generaciones, por los siglos de los siglos! Amén".

c. Filipenses 1:3–11

"Doy gracias a mi Dios cada vez que me acuerdo de ustedes. En todas mis oraciones por todos ustedes, siempre oro con alegría, porque han participado en el evangelio desde el primer día hasta ahora. Estoy convencido de esto: el que comenzó tan buena obra en ustedes la irá perfeccionando hasta el día de Cristo Jesús. Es justo que yo piense así de todos ustedes porque los llevo en el corazón; pues, ya sea que me encuentre preso o defendiendo y confirmando el evangelio, todos ustedes participan conmigo de la gracia que Dios me ha dado. Dios es testigo de cuánto los quiero a todos con el entrañable amor de Cristo Jesús. Esto es lo que pido en oración: que el amor de ustedes abunde cada vez más en conocimiento y en buen juicio, para que disciernan lo que es mejor, y sean puros e irreprochables para el día de Cristo, llenos del fruto de justicia que se produce por medio de Jesucristo, para gloria y alabanza de Dios".

d. Colosenses 1:9–12

"Por eso, desde el día en que lo supimos no hemos dejado de orar por ustedes. Pedimos que Dios les haga conocer plenamente su voluntad con toda sabiduría y comprensión espiritual, para que vivan de manera digna del Señor, agradándole en todo. Esto implica dar fruto en toda buena obra, crecer en el conocimiento de Dios y ser fortalecidos en todo sentido con su glorioso poder. Así perseverarán con paciencia en toda situación, dando gracias con alegría al Padre. Él los ha facultado para participar de la herencia de los santos en el Reino de la luz".

e. 2 Tesalonicenses 1:11–12

"Por eso oramos constantemente por ustedes, para que nuestro Dios los considere dignos del llamamiento que les ha hecho, y por su poder perfeccione toda disposición al bien y toda obra que realicen por la fe. Oramos así, de modo que el nombre de nuestro Señor Jesús sea glorificado por medio de ustedes, y ustedes por Él, conforme a la gracia de nuestro Dios y del Señor Jesucristo".

2. Enumere todas las frases que expresen agradecimiento en las oraciones de Pablo.

3. Si tuviera que resumir estas oraciones, ¿cuál cree usted que era la preocupación más grande de Pablo con respecto a sus hijos espirituales?

4. ¿Cómo describiría la frecuencia de las oraciones de Pablo?

5. ¿Qué ve usted en las oraciones de Pablo que le gustaría incorporar en sus oraciones por sus hijos?

Con frecuencia las oraciones por mis hijos están relacionadas con situaciones diarias de sus vidas. Cuando le hablamos a Dios sobre todas nuestras necesidades, a menudo olvidamos orar por los asuntos más profundos de su crecimiento espiritual. Usar los ejemplos de los Salmos, el padrenuestro o las oraciones de Pablo nos ayuda a orientar las oraciones por nuestros hijos.

Muchas de las iglesias por las que Pablo oró se encontraban en medio de un gran sufrimiento. Pablo escribió muchas de sus cartas estando encerrado en una cárcel romana. Y aun durante estas pruebas, sus plegarias se centraban en que la fe de ellos abundase, que creciese su conocimiento y que sus vidas dieran fruto, todo para la gloria de Dios.

Las oraciones de Pablo tenían un propósito: glorificar a Dios y disfrutar de Él para siempre. Su propósito en la vida no era hacer todo el dinero que pudiera, vivir una vida fácil o evitar circunstancias difíciles. Las oraciones de Pablo nos ayudan a recordar nuestro propósito mayor, y a poner nuestras esperanzas en los mejores deseos para nuestros hijos.

Con esta esperanza en mente, escoja una de las oraciones que leímos hoy y recítela específicamente por sus hijos. Si tiene tiempo, escríbala y colóquela en su escritorio, al lado del fregadero o en el automóvil, como un recordatorio de que debe orar por su hijo durante el resto de la semana. Concluya su tiempo de oración pidiéndole a Dios que bendiga a su hijo con el don de la fe.

Día 4

Pablo comenzó muchas de sus cartas diciéndoles a sus lectores que estaba orando por ellos. Esto expresaba el amor y la preocupación que sentía por estas iglesias. También exhortaba a estos creyentes a ser fieles en la oración y les pedía que oraran por su ministerio.

Orar por nuestros hijos de manera habitual, así como enseñarles como orar, ayuda a que esta práctica se convierta en una parte natural y acostumbrada de sus vidas. Para mí es un privilegio especial el poder escuchar a mis hijos orando, y me deleito en escuchar cómo sus jóvenes corazones aprenden a hablarle a Dios.

1. Lea los siguientes versículos, y responda las preguntas.

"Alégrense en la esperanza, muestren paciencia en el sufrimiento, perseveren en la oración" (**Ro. 12:12**).

"Oren en el Espíritu en todo momento, con peticiones y ruegos. Manténganse alerta y perseveren en oración por todos los santos. Oren también por mí para que, cuando hable, Dios me dé las palabras para dar a conocer con valor el misterio del evangelio, por el cual soy embajador en cadenas. Oren para que lo proclame valerosamente, como debo hacerlo" (**Ef. 6:18–20**).

"Dedíquense a la oración: perseveren en ella con agradecimiento y, al mismo tiempo, intercedan por nosotros a fin de que Dios nos abra las puertas para proclamar la palabra, el misterio de Cristo por el cual estoy preso. Oren para que yo lo anuncie con claridad, como debo hacerlo" (**Col. 4:2–4**).

"Estén siempre alegres, oren sin cesar, den gracias a Dios en toda situación, porque esta es su voluntad para ustedes en Cristo Jesús" (**1 Tes. 5:16–18**).

a. ¿Con cuánta frecuencia se nos anima a orar en estos versículos?

b. ¿Qué tipo de oración se nos recomienda en Efesios 6:18–20?

c. ¿Cómo se relacionan la oración y el agradecimiento? ¿Cómo nos llevan a sentir gozo?

d. ¿Por qué tema les pidió Pablo a las iglesias que oraran en su ministerio?

La gente que ora crece y se convierte en gente agradecida. Cuando vemos a Dios trabajando y pasamos tiempo en su presencia, nos desbordamos de gozo. Nuestra capacidad para dar gracias en toda circunstancia no se debe a que toda situación que enfrentemos sea buena, sino que el Dios que decretó las circunstancias es bueno. Aun estando encadenado, Pablo se regocijaba porque su encarcelamiento hacía avanzar el evangelio (Flp. 1:12–18).

Cualquier cosa que usted esté enfrentando hoy, puede traerla en oración a Dios, confiando en que Él está haciendo todo por su bien (Ro. 8:28).

2. Lea **Filipenses 4:6–7.**

"No se inquieten por nada; más bien, en toda ocasión, con oración y ruego, presenten sus peticiones a Dios y denle gracias. Y la paz de Dios, que sobrepasa todo entendimiento, cuidará sus corazones y sus pensamientos en Cristo Jesús".

a. ¿Qué promesas relacionadas con la oración están contenidas en este pasaje?

b. ¿Cómo podría usted aplicar este versículo específico a sus circunstancias actuales?

3. Lea **Santiago 5:13–16.**

"¿Está afligido alguno entre ustedes? Que ore. ¿Está alguno de buen ánimo? Que cante alabanzas. ¿Está enfermo alguno de ustedes? Haga llamar a los ancianos de la iglesia para que oren por él y lo unjan con aceite en el nombre del Señor. La oración de fe sanará al enfermo y el Señor lo levantará. Y si ha pecado, su pecado se le perdonará. Por eso, confiésense unos a otros sus pecados, y oren unos por otros, para que sean sanados. La oración del justo es poderosa y eficaz".

a. ¿Qué incentivos da Santiago para orar en estos versículos?

b. ¿Por qué es importante la confesión en nuestra vida de oración?

Hace años recibí esa llamada que nadie quiere recibir. La voz angustiada de mi madre al otro lado de la línea me informaba que papá no estaba bien. El día anterior había sufrido un infarto menor, pero los médicos lo operaron para quitar la obstrucción y todo había salido sumamente bien. Nos regocijamos que Dios había protegido a papá de varias maneras.

Sin embargo, de lo que los doctores no se habían percatado en ese momento era de que papá había tenido una hemorragia cerebral, una situación especialmente preocupante debido a los anticoagulantes que le habían administrado para el infarto. Cuando mi hermano y yo nos dirigíamos de Charlotte a Raleigh, ninguno de los indicadores era bueno. Una amiga de mi mamá nos llamó cuando íbamos de camino para decirnos que era probable que papá no sobreviviera la operación que necesitaba para disminuir la inflamación de su cerebro. En el hospital, mamá, mi hermano y yo nos arrodillamos en la capilla para orar. A cada momento me preguntaba: *¿Estará mi padre vivo todavía?* Y aun en medio de tal incertidumbre, sentí la paz de Dios rodeándome, protegiendo mi corazón y mi mente de una forma que nunca había experimentado antes. Habían muy pocas esperanzas de que papá sobreviviera, pero Dios me dio una verdadera sensación de paz, independientemente de lo que pasara. Él estaba haciendo todo para bien.

Afortunadamente, papá superó la cirugía. Sin embargo, el médico nos advirtió que no nos esperanzáramos mucho, porque las primeras veinticuatro horas eran críticas. Me despertaba cada mañana preguntándome si papá habría sobrevivido la noche. Después de seis semanas en la unidad de cuidados intensivos, durante las cuales le costó recordar nuestros nombres, algunos hechos del pasado y las palabras más comunes, fue dado de alta. Luego de eso, comenzó su terapia para construir vías neurales alrededor de las zonas muertas de su cerebro.

Durante la enfermedad de mi padre, yo aún estaba amamantando a mi tercer hijo. La presión de cuidar tres hijos pequeños y ayudar a mi madre era a veces aterradora. Y aun así, la paz de Dios nos guió a través de toda la incertidumbre y la dificultad de esos meses. Fue una experiencia vívida de las promesas hechas en Filipenses 4:6–7. Dios no nos rescató de en medio de la prueba, sino que dentro de ella nos dio su paz, que supera todo entendimiento.

Este pasaje les da ánimo a todas madres. Podemos tomar todas las ansiedades que hay en nuestra familia y llevarlas a Dios. Él nos pide que oremos con un corazón agradecido, y nos promete que su paz guardará nuestros corazones y mentes en Cristo Jesús.

Concluya su tiempo de oración el día de hoy pidiéndole a Dios que cultive dentro de usted un mayor deseo de orar. Pídale la sabiduría para ser, por encima de todo, una madre que ora. También pídale al Señor que resalte la importancia de la oración en sus hijos, a través de su ejemplo y su aliento como madre.

Día 5: Caminemos juntas como madres

"Si a alguno de ustedes le falta sabiduría, pídasela a Dios, y Él se la dará, pues Dios da a todos generosamente sin menospreciar a nadie".

—Santiago 1:5

El sol se pone al empezar la última entrada. Mi hijo de diez años se prepara para hacer el lanzamiento. Su equipo va dos carreras por delante en el juego de fin de temporada. Al verlo caminar hacia la loma, mi corazón de madre quiere rescatarlo del peso de las expectativas. Hay tanto peso sobre sus hombros. Mi estómago está hecho un nudo mientras lo veo hacer su primer lanzamiento.

"¡Strike!", grita el umpire.

Suelto un suspiro de alivio. Nuevamente, toma la bola en su guante. Una y otra vez se para, resuelto, lanzando unas veces strikes y otras errando totalmente sus lanzamientos. Lo único que puedo hacer es mirar y orar.

Mientras miro desde las gradas, me doy cuenta de que ser madre tiene mucho que ver con mirar y orar. Es muy poco lo que podemos hacer para proteger a nuestros hijos de las duras realidades de la vida. No podemos evitar las rodillitas raspadas, las malas palabras, los corazones rotos o las pérdidas dolorosas. Podemos curar las heridas y aliviar los dolores pero, casi siempre, somos solo espectadoras sentadas en el público, que los animan mientras juegan.

Afortunadamente, no estoy sola observando, preocupada y ansiosa. En un momento, mi corazón puede mirar hacia el Señor en oración por todo aquello que no puedo controlar. El señor me escucha mientras derramo mis peticiones en nombre de mis pequeños. Desde plegarias simples como: *por favor, que lance un strike*, hasta mis más sentidas súplicas: *Señor, hazlo renegar del pecado e ir en pos de ti*, sé que puedo llevar todas mis cargas a Dios. En todas las etapas de la maternidad, el Señor me invita a confiar en Él en oración, mientras veo a mis hijos crecer.

Nuestras oraciones bendicen a nuestros hijos de innumerables formas. Ellos miran desde la primera fila mientras el Señor usa nuestras peticiones para cumplir sus propósitos en sus vidas. Cuando nuestros hijos nos ven orar, aprenden a orar. Orar juntos en familia nos brinda un dulce momento de compañerismo. A través de la oración, nuestros niños ven que todo don proviene de Dios y que Él obra hasta en nuestras pruebas, por nuestro propio bien.

Además de bendecir a nuestros niños, la oración alimenta la paz interior que protege y silencia nuestra alma en los tormentosos mares de la maternidad.

En su carta a la iglesia de Filipos, Pablo nos anima con estas palabras:

> "No se inquieten por nada; más bien, en toda ocasión, con oración y ruego, presenten sus peticiones a Dios y denle gracias. Y la paz de Dios, que sobrepasa todo entendimiento, cuidará sus corazones y sus pensamientos en Cristo Jesús" (Flp. 4:6–7).

Qué alivio saber que puedo llevarlo *todo* ante el Señor en oración. Ninguna petición es muy pequeña o muy grande para Él. En el misterio de su providencia, Dios usa mis oraciones para hacer su voluntad y darle paz a mi alma. Puedo soltar mis miedos y disfrutar del juego.

"*¡Strike!*", gritó el umpire por última vez.

Cuando lo hizo, todos los chicos corrieron a la loma, chocando sus palmas en alto, celebrando su victoria. Mi hijo estaba entre ellos, con una radiante sonrisa. Si yo lo hubiera rescatado de las presiones de los lanzamientos, se habría perdido del gozo de la victoria. En el laberinto de la maternidad, no siempre puedo ver más allá de la esquina para saber qué es lo mejor. Cuán agradecida estoy de poder poner mis preocupaciones sobre Aquel que lo dirige todo de acuerdo con su perfecto plan.

¿Qué preocupaciones pesan más en su corazón al contemplar hoy a sus hijos? ¿En qué aspectos se está esforzando su hijo de una manera en que usted solo puede mirar y orar? ¿En qué aspectos usted puede descargar hoy sus ansiedades en el Señor, confiándole su carga a Él?

Regularmente le pido al Señor que mis hijos acepten la fe en una edad temprana, que tengan un trabajo que les permita utilizar sus dones, que encuentren parejas creyentes y que pasen todas sus vidas buscando glorificarlo a Él en todo lo que hagan. Estos son mis deseos para ellos, pero no puedo pasar mis días tratando de controlar las circunstancias para que estas esperanzas se vean realizadas. En lugar de eso, le pido fielmente al Señor en oración que los bendiga. ¡Qué privilegio es poder hacerle estas peticiones al Rey! Sea hoy usted alentada por sus palabras: "Depositen en Él toda ansiedad, porque Él cuida de ustedes" (1 P. 5:7).

Para concluir el tiempo de hoy, reflexione en oración sobre las siguientes preguntas:

• Al repasar los versículos de esta semana, ¿de qué maneras cree usted que puede poner en su vida un mayor énfasis en la oración? ¿Qué peticiones específicas puede hacer en oración para sus hijos hoy?

• ¿De qué formas puede usted incorporar la oración en las vidas de sus hijos? ¿Con qué pequeños ejemplos puede usted enseñarles la importancia de la oración en sus vidas?

❧ Semana 4 ❧

Ponga su hogar en orden

Camine diligentemente

Día 1

Durante la agitada etapa de la maternidad pueden haber tantas actividades disponibles, que puede resultar difícil priorizar las cosas que consideramos más importantes. Sabemos que es nuestro deber leer la Palabra de Dios, orar, apoyar a nuestros esposos, cuidar de nuestros hijos con amor y servir activamente en nuestras comunidades, pero, con frecuencia, pasamos por alto estas actividades. El cesto de ropa sucia llama con más fuerza que nuestra necesidad de orar, y revisar el Facebook puede consumir un tiempo que bien podemos pasar con nuestros hijos.

Esta semana quiero que reflexionemos cuidadosamente en nuestras prioridades. En vez de solo reaccionar ante lo que nos ocurre en la vida, ¿qué podemos hacer para vivir con discernimiento positivo y sabiduría? Afortunadamente, la Biblia nos enseña cómo organizar nuestras vidas y nuestras familias con sabiduría y como dirigir nuestra energía como madres.

Comience su tiempo de oración pidiéndole al Señor que le dé comprensión y discernimiento, así como una nueva disposición de seguir fielmente sus caminos.

1. Lea **Efesios 5:15–21.**

   "Así que tengan cuidado de su manera de vivir. No vivan como necios sino como sabios, aprovechando al máximo cada momento oportuno, porque los días son malos. Por tanto, no sean insensatos, sino entiendan cuál es la voluntad del Señor. No se emborrachen con vino, que lleva al desenfreno. Al contrario, sean llenos del Espíritu. Anímense unos a otros con salmos, himnos y canciones espirituales. Canten y alaben al Señor con el corazón, dando siempre gracias a Dios el Padre por todo, en el nombre de nuestro Señor Jesucristo. Sométanse unos a otros, por reverencia a Cristo".

a. ¿Cómo exhorta Pablo a los efesios a vivir? ¿Qué razón alega?

b. ¿Sobre qué nos alerta este pasaje (vv. 17, 18)?

c. ¿Cómo enseña Pablo a los creyentes a hablarse entre ellos? ¿Cómo debemos hablarle a Dios?

2. Pablo siguió hablando sobre una forma cuidadosa de vivir cuando dio instrucciones sobre la familia. Lea **Efesios 5:22–6:4**.

"Esposas, sométanse a sus propios esposos como al Señor. Porque el esposo es cabeza de su esposa, así como Cristo es cabeza y salvador de la Iglesia, la cual es su Cuerpo. Así como la iglesia se somete a Cristo, también las esposas deben someterse a sus esposos en todo. Esposos, amen a sus esposas, así como Cristo amó a la Iglesia y se entregó por ella para hacerla santa. Él la purificó, lavándola con agua mediante la palabra, para presentársela a sí mismo como una Iglesia radiante, sin mancha ni arruga ni ninguna otra imperfección, sino santa e intachable. Así mismo el esposo debe amar a su esposa como a su propio cuerpo. El que ama a su esposa se ama a sí mismo, pues nadie ha odiado jamás a su propio cuerpo; al contrario, lo alimenta y lo cuida, así como Cristo hace con la Iglesia, porque somos miembros de su Cuerpo. 'Por eso dejará el hombre a su padre y a su madre, y se unirá a su esposa, y los dos llegarán a ser un solo cuerpo'. Esto es un misterio profundo; yo me refiero a Cristo y a la Iglesia. En todo caso, cada uno de ustedes ame también a su esposa como a sí mismo, y que la esposa respete a su esposo. Hijos, obedezcan en el Señor a sus padres, porque esto es justo. 'Honra a tu padre y a tu madre—que es el primer mandamiento con promesa—para que te vaya bien y disfrutes de una larga vida en la tierra'. Y ustedes, padres, no hagan enojar a sus hijos, sino críenlos según la disciplina e instrucción del Señor.

a. ¿Qué le pide Pablo a las esposas?

b. ¿Qué le pide Pablo a los esposos?

c. ¿Con cuál relación compara Pablo al matrimonio?

d. ¿En qué forma Cristo es una imagen tanto de la sumisión como del liderazgo? (ver también Heb. 5:7 y 1 P. 3:21–22).

e. ¿Qué le pide Pablo a los hijos? ¿Qué promesa acompaña esta petición?

f. ¿Qué le pide a los padres? ¿Contra qué los alerta?

Piense en cuántas veces utilizamos la expresión—ten cuidado— cuando somos madres: *Ten cuidado cuando cruces la calle. Ten cuidado cuando lleves los platos al fregadero. Ten cuidado cuando uses los patines. Ten cuidado de no golpear a tu hermana con la pelota. Ten cuidado cuando salgas de la bañera.* Decimos esas palabras porque queremos evitarles situaciones dolorosas a nuestros hijos y ayudarlos a evitar que inflijan dolor a otros.

Cuando Pablo les recordó a los efesios: "Así que tengan cuidado de su manera de vivir. No vivan como necios sino como sabios", les escribió como un padre espiritual, tratando de protegerlos y enseñarles a vivir con sabiduría. Me parece interesante que la orientación de Pablo en este aspecto tenga tanto que ver con la familia. Pablo no les enseñó a los efesios cómo tener éxito en los negocios, cómo hacer amigos, o cómo formar el mejor gobierno; les dio instrucciones sobre cómo vivir cuidadosamente dentro del hogar.

Dios creó la unidad familiar para que fuera la base de todas nuestras demás relaciones, el ladrillo de la sociedad. Si la vida en el hogar no prospera, toda la sociedad dejará de hacerlo. Es por ello que Dios nos llama a poner atención a la forma en que nos desenvolvemos dentro de nuestros hogares.

En relación con el pasaje que acabamos de leer, analice las siguientes preguntas:

3. ¿Qué tipo de actividades domésticas tienen prioridad en su hogar?

4. ¿Qué aspectos necesita priorizar de una forma más proactiva?

5. ¿Qué actividades le hacen perder la mayor cantidad de tiempo? ¿Alguna de las siguientes actividades le impide practicar otras más importantes: televisión, internet, pasatiempos, ejercicios o actividades sociales?

6. ¿Por qué es importante para sus hijos aprender a obedecerle? ¿De qué manera eso afectará sus relaciones con otras figuras de autoridad cuando sean mayores?

7. ¿Cómo describiría usted su matrimonio (afectuoso, cálido, estimulante, amistoso, frío, tenso, contencioso, distante)? ¿De qué manera se consideran prioridad el uno para el otro? ¿Cómo podrían mejorar?

8. Aunque a veces se nos hace más fácil ver cuando nuestro cónyuge deja de ofrecernos su amor abnegado, tome unos instantes para reflexionar en sus actitudes hacia su esposo. ¿De qué manera puede demostrarle respeto y honrarlo el día de hoy? ¿Cómo puede convertirlo en una prioridad en su vida?

Sé que la sumisión no es un concepto popular en nuestra era. Nuestra sociedad se siente más cómoda cuestionando la autoridad que sometiéndose a ella. Además, la gran cantidad de abusos que cometen quienes ostentan el poder, nos dan buenas razones para dudar. Pero es muy útil recordar que todos los cristianos estamos llamados a someternos de diferentes maneras (Ro. 13:1–5; Stg. 4:7; 1 P. 2:13–14; He. 13:17). Tanto para los hombres como para las mujeres, la sumisión forma parte de la vida cristiana.

También es importante recalcar que todas las mujeres no estamos llamadas a someternos a todos los hombres. Son las esposas quienes están llamadas a someterse a sus esposos. No es que tengamos un valor inferior a nuestros esposos, sino que tenemos un rol diferente en la familia. Nuestra disposición a someternos no es una excusa para la pasividad o la inactividad. Nuestros esposos necesitan que seamos esposas comprometidas, consideradas y alentadoras. No obstante, todos los matrimonios tendrán puntos de desacuerdo entre los cónyuges. En esos momentos, el Señor llama al esposo a mostrar su liderazgo abnegado y amoroso, así como llama a la esposa a la sumisión respetuosa que honra a Dios.

Nuestro mayor ejemplo de sumisión es Jesús. Él se sometió a la voluntad del Padre, aunque le costó su propia vida. Jesús no tenía un valor inferior al del Padre, sino que tenía un rol único en la Trinidad, que está conformada por Dios Padre, Hijo y Espíritu Santo. Todos los que conforman la Trinidad tienen el mismo valor, pero cumplen funciones diferentes. De forma similar, todos los miembros de la unidad familiar tienen el mismo valor, pero el esposo y la esposa tienen funciones diferentes dentro de la familia.

Tal vez esté pensando: *¡Bueno, si mi esposo fuera perfecto como Dios, yo no tendría ningún problema en someterme a él!* Es cierto, ningún esposo nos puede dirigir con total perfección. En algunos desacuerdos, es posible que tengamos razón o una mejor comprensión que nuestros esposos. Debemos sentirnos libres de expresarles nuestras preocupaciones, entendiendo que a veces el Señor nos llama a sujetarnos a nuestros imperfectos esposos *como al Señor*. Ciertamente, el Señor no nos llama a seguir a nuestros esposos en algo que está claramente prohibido en su Palabra. Él nos pide que confiemos en el liderazgo de nuestros esposos en los asuntos que son discutibles, aunque pueda resultar difícil para nosotras.

En esencia, debemos vivir con un profundo respeto y honor por nuestros esposos. Nuestro cónyuge debe sentir que él es importante para nosotros y que nuestro matrimonio tiene prioridad sobre nuestras otras amistades, e incluso sobre nuestros hijos. ¡A veces es difícil hacer esto! Pero es de vital importancia. El tiempo que pasamos construyendo nuestros matrimonios es un hermoso reflejo del amor que Cristo siente por su esposa, la Iglesia.

Vaya hoy ante el Señor y ore por su matrimonio y su familia. También tómese el tiempo de cantar y hacer música en su corazón para el Señor, dándole gracias por todo lo que le ha dado.

Día 2

¿Alguna vez ha deseado que el día tuviera algunas horas más? Algunos días parece que estuvieran repleto de actividades, y nos parece imposible meter todas las tareas pendientes en 24 horas. El tiempo es como el dinero: un preciado recurso que se debe administrar sabiamente. Pero, al contrario que el dinero, una vez que se pierde no se puede recuperar.

Como tenemos tan pocos años para disfrutar con nuestros hijos (aunque sé que algunos días parecen años), es importante entender cómo invertimos nuestro tiempo. En Tito 2, encontramos formas específicas en las que las mujeres mayores de la Iglesia pueden entrenar a las más jóvenes. Si observamos las instrucciones de Pablo en la materia, podemos extraer enseñanzas importantes relacionadas con la manera en que pasamos el tiempo.

Comience su tiempo de oración pidiéndole a Dios que le dé comprensión y entendimiento.

1. Lea **Tito 2:3-5.**

"A las ancianas, enséñales que sean reverentes en su conducta, y no calumniadoras ni adictas al mucho vino. Deben enseñar lo bueno y aconsejar a las jóvenes a amar a sus esposos y a sus hijos, a ser sensatas y puras, cuidadosas del hogar, bondadosas y sumisas a sus esposos, para que no se hable mal de la palabra de Dios".

a. ¿Cuál es el primer mandamiento que se les da a las ancianas?

b. ¿Qué significa ser reverentes en nuestra conducta? (ver 1 P. 1:17).

c. ¿Qué les deben enseñar las ancianas a las mujeres más jóvenes?

d. ¿Por qué cree usted que las mujeres más jóvenes necesitan ser instruidas para que amen a sus esposos e hijos? ¿Qué nos dificulta amar a nuestros esposos e hijos?

e. ¿Por qué la sensatez, la pureza y la bondad son de especial importancia en una joven esposa y madre?

f. ¿Qué cree usted que significa ser "cuidadosas del hogar"? ¿Por qué es importante cuidar del hogar en nuestro rol de madres y esposas?

g. ¿Qué significa que una esposa esté "sumisa a su esposo"?

h. ¿Por qué Pablo quiere que las ancianas enseñen a las más jóvenes? ¿Qué resultados esperaba obtener?

¿Hay ancianas en su iglesia que viven con reverencia hacia el Señor, que cuidan sus caminos y demuestren sabiduría con sus palabras? Buscar el consejo y la sabiduría de las ancianas que Dios coloca en nuestras vidas puede traernos bendiciones y ayuda, especialmente durante la etapa de la maternidad.

¿No es un poco sorprendente que el primer precepto que las ancianas deben enseñarles a las más jóvenes sea amar a sus esposos e hijos? Aunque pueda parecer que amar a nuestras familias es la cosa más natural del mundo, a veces amar a nuestros seres más queridos y más cercanos parece imposible. Puedo estar tan abrumada por las actividades del día a día en nuestra casa que me olvido de tomar el tiempo de saludar a mi esposo e hijos con abrazos cálidos y afecto. Necesito el apoyo fiel de las ancianas de mi vida que me recuerdan la importancia de amar bien a mi familia.

Amar a nuestra familia, involucrará naturalmente sensatez, pureza y bondad. Los pensamientos impuros con otros hombres claramente interferirán con nuestro matrimonio. Una madre que lucha con el control propio, con frecuencia tendrá hijos que están fuera de control. Un hogar sin bondad nunca será amoroso. Cada una de estas tres virtudes es necesaria para amar bien a nuestras familias.

Cuando conteste las siguientes preguntas, trate de ser lo más específica posible sobre la manera en que cree que puede demostrar amor en su hogar el día de hoy.

2. ¿Qué puede hacer usted para demostrarle a su esposo que lo ama? ¿Qué lo hace sentirse amado y valorado por usted?

3. En cuanto a sus hijos: en medio de las tareas y agendas ocupadas del día de hoy, ¿cómo puede demostrarle amor a cada uno de sus hijos?

4. ¿Le cuesta un poco amar a alguno de sus hijos en particular? ¿Qué puede usted hacer para apoyar a ese hijo el día de hoy?

5. Sensatez, pureza y bondad son el fruto del trabajo que Dios realiza por medio de su Espíritu en nuestras vidas. Estas cosas solo pueden cambiar realmente si permanecemos en Jesús. Amar bien a nuestras familias comienza por pasar tiempo en la Palabra y la oración, lo que nos permite conocer a Jesús de maneras nuevas y transformadoras. ¿Cómo puede usted pasar más tiempo con Él esta semana?

6. ¿Cuál de estas características (sensatez, pureza o bondad) le resulta más difícil poner en práctica? ¿Cómo esa resistencia afecta a su familia?

7. ¿Qué anciana de su congregación le genera mayor respeto? ¿Puede encontrar tiempo para invitarle un café, o pedirle su consejo sobre algunas de las cuestiones sobre el matrimonio o la maternidad que le generen dudas?

Estar ocupadas en el hogar no significa que nunca saldremos de la casa. Ni tampoco significa que nunca trabajaremos fuera de ella. Simplemente quiere decir que nuestra prioridad como madres es nuestra familia. Según los estándares del mundo, nuestra labor puede parecer insignificante y mundana, pero nuestro trabajo en el hogar tiene un efecto en toda la sociedad. C. S. Lewis, en una carta a una dama estadounidense, nos da una perspectiva alentadora sobre el rol de la mujer en el hogar:

"Creo que puedo entender ese sentimiento sobre el trabajo de la mujer que se considera como el de Sísifo (que fue el caballero que rodaba la piedra). Pero en realidad es el trabajo más importante del mundo. ¿Para qué existen los barcos, ferrocarriles, mineros, automóviles, gobiernos, etc., sino para que la gente pueda estar bien alimentada, confortable y segura en sus hogares? Como dijo el Dr. Johnson: "Estar felices en nuestros hogares es el objetivo de todos los esfuerzos humanos". (Primero, estar feliz de prepararse para estar feliz en nuestro verdadero hogar después de la muerte; segundo, mientras tanto estar feliz en nuestro hogar). Hacemos la guerra para tener paz, trabajamos para tener tiempo libre, producimos comida para comer. Así que su trabajo es el trabajo por el cual todos los demás existen".[7]

¡Nuestro trabajo como madres es el trabajo por el cual todos los demás existen! Que este pensamiento le reconforte en sus labores del día de hoy. Mientras que muchas personas pueden ser maestros, doctores, abogados, escritores y banqueros, nadie más en todo el planeta es la madre de su hijo. Debemos orar por nuestros horarios, pidiéndole a Dios que nos ayude a organizar nuestros días sabiamente, para que podamos vivir cada día para su gloria.

Día 3

Hasta ahora, en esta semana hemos estudiado dos pasajes diferentes que nos exhortan a vivir cuidadosamente. Hoy estudiaremos un ejemplo de sabiduría observando a la esposa ejemplar que se describe en Proverbios 31. Puede ser algo intimidante, pero es un ejemplo muy útil si queremos aprender a organizar nuestras prioridades de manera que bendiga a nuestras familias. Podemos verla como una anciana de la cual podemos aprender en vez de un ejemplo por el cual debemos medirnos.

1. Comience su tiempo de oración pidiéndole a Dios que use su Palabra para refrescar su corazón el día de hoy. Luego lea **Proverbios 31:10–31**.

"Mujer ejemplar, ¿dónde se hallará? ¡Es más valiosa que las piedras preciosas! Su esposo confía plenamente en ella y no necesita de ganancias mal habidas. Ella le es fuente de bien, no de mal, todos los días de su vida. Anda en busca de lana y de lino, y gustosa trabaja con sus manos. Es como los barcos mercantes, que traen de muy lejos su alimento. Se levanta de madrugada, da de comer a su familia y asigna tareas a sus criadas. Calcula el valor de un campo y lo compra; con sus ganancias planta un viñedo. Decidida se ciñe la cintura y se apresta para el trabajo. Se complace en la prosperidad de sus negocios, y no se apaga su lámpara en la noche. Con una mano sostiene el huso y con la otra tuerce el hilo. Tiende la mano al pobre, y con ella sostiene al necesitado. Si nieva, no tiene que preocuparse de su familia, pues todos están bien abrigados. Las colchas las cose ella misma, y se viste de púrpura y lino fino. Su esposo es respetado en la comunidad; ocupa un puesto entre las autoridades del lugar. Confecciona ropa de lino y la vende; provee cinturones a los comerciantes. Se reviste de fuerza y dignidad, y afronta segura el porvenir. Cuando habla, lo hace con sabiduría; cuando instruye, lo hace con amor. Está atenta a la marcha de su hogar, y el pan que come no es fruto del ocio. Sus hijos se levantan y la felicitan; también su esposo la alaba: 'Muchas mujeres han realizado proezas, pero tú las superas a todas'. Engañoso es el encanto y pasajera la belleza; la mujer que teme al Señor es digna de alabanza. ¡Sean reconocidos sus logros, y públicamente alabadas sus obras!".

a. ¿Cómo se relaciona la mujer ejemplar con su esposo? ¿Cómo se siente él con respecto a ella?

b. ¿Qué provee ella para la familia?

c. ¿Cómo procede ella en la ejecución de su trabajo?

d. ¿De qué manera ella cuida de aquellos que pertenecen a su comunidad?

e. ¿A quién ella se preocupa por cuidar (v. 27)?

f. ¿Cómo se siente ella con su vida (v. 25)?

g. ¿De quién ella recibe alabanza?

h. ¿De qué maneras su vida muestra temor y reverencia por el Señor?

i. ¿Qué palabras utilizaría usted para describir a esta mujer ejemplar?

j. Mientras leía sobre su ejemplo, ¿qué versículo en particular le hizo ver un aspecto en el que le gustaría mejorar en relación con el manejo del hogar?

La mujer ejemplar vive con reverencia para el Señor los días que Él le ha dado. Se levanta cuando aún está oscuro y trabaja hasta la noche. Coordina los asuntos de la casa para bendecir tanto a su familia como a la comunidad. Su trabajo fuera del hogar beneficia a su familia. Ella es un ejemplo de una vida esmerada y sabia.

Algo que siempre me impresiona sobre la mujer de Proverbios 31 es su risa. Cuando pienso en una mujer tan diligente, trabajadora, considerada que vive de una manera tan sacrificial, me resulta fácil creer que debe estar desgastada, exhausta y vacía, debido a todo su empeño por cuidar de los demás. Estoy segura de que en ocasiones se sintió exhausta, pero en lugar de vacío, encontramos a una mujer que experimenta una vida en abundancia, ¡que se ríe de los días por venir!

Jesús prometió en Mateo 16:25: "Porque el que quiera salvar su vida, la perderá; pero el que pierda su vida por mi causa, la encontrará". La contradicción del evangelio es que encontramos nuestra vida cuando la damos por otros. El servicio y el sacrificio que otorgamos como esposas, si se los ofrecemos voluntariamente al Señor, dará como resultado un corazón alegre que bendice a mucha gente, incluyéndonos a nosotras mismas.

Un beneficio adicional de un hogar en paz es que rebosa de cuidado amoroso y servicio por la comunidad. La meta no es crear un lugar para escapar o evitar el mundo, sino construir cuidadosamente nuestro hogar para que sea una luz en el mundo, un lugar que refleje la gracia de Cristo para aquellos que no tienen esperanza. Un hogar en paz brinda un espacio de descanso en medio de un mundo agotador.

Pídale al Señor que convierta su hogar en un lugar de abundancia, que sobreabunde con amor, risas y gracia como testimonio y bendición para quienes lo rodean.

Día 4

Mi hermano Rob y su esposa Dottie, tienen seis hijos que vinieron al mundo en rápida sucesión, en un período de diez años. Recuerdo que Dottie me decía que con cada nuevo hijo, algo que había sido una prioridad tenía que ser descartado. Los conozco lo suficientemente bien como para saber que a veces se olvidan de bañarse, la cena puede ser servida a la carrera, que no siempre da tiempo de peinarse que incluso, a veces, se pueden olvidar de la ropa interior (desafortunadamente esto último ocurrió un día en que su hijo de cinco años estaba utilizando pantalones con agujeros en la parte trasera).

En medio de una vida agitada y un hogar caótico, Dottie realiza el notable trabajo de amar a mi hermano y a sus hijos extremadamente bien. Ella se ha deshecho de los detalles menos importantes y permanece comprometida a profundizar su relación con Dios, amando a su familia y ministrando a otros fielmente. Como ellos comparten su fe con los demás, Dios utiliza su hogar como una luz para el evangelio, trayendo a otras familias a abrazar la fe cristiana.

Cuando tratamos de priorizar lo que es más importante, es necesario que dejemos de lado ciertas actividades que valoramos. Quizás debamos renunciar al sueño de tener una cena casera todas las noches o un hogar perfectamente decorado. Quizás necesitemos renunciar durante un tiempo a ciertas actividades recreativas, pasatiempos u otras tareas para asegurarnos de cumplir con el llamado bíblico de llevar una vida sabia y reflexiva.

Poner nuestros hogares en orden requiere un cuidado especial porque la vida y las circunstancias de cada quien son diferentes. Lo que funciona para una familia podría no funcionar para otra. Cada uno de nosotros tiene diferentes recursos de tiempo, dinero y habilidades que bien nos limitan o nos ayudan de cierta manera. Hoy le sugiero que se tome un tiempo para evaluar su horario y aplicar a su vida las verdades que hemos aprendido esta semana. Tome en cuenta lo que es razonable, pero trate de evitar comparar su hogar con el de otra familia.

Comience su tiempo de oración pidiéndole a Dios que "nos enseñe a contar bien nuestros días, para que nuestro corazón adquiera sabiduría" (Sal. 90:12).

1. Revise las cuatro categorías mencionadas a continuación cuando analice su tiempo y sus prioridades. Piense en los últimos seis a doce meses. En promedio, cuánto tiempo a la semana invierte en cada una de las siguientes cosas:

   a. Vida espiritual (asistencia a la iglesia, servicio, estudio de la Biblia, oración).

   b. Vida familiar (cuidar a su esposo, hijos y otros familiares).

   c. Ministrar a otros (en su vecindario, comunidad, iglesia).

d. Cuidado personal (ejercicio, buena alimentación, cantidad adecuada de sueño).

2. Ahora retroceda y vea cuántas horas cree usted que debería invertir a la semana en cada una de estas actividades. Cuando compare ambos números, encierre un círculo aquello que usted está priorizando con mayor efectividad y marque aquello donde usted vea mayor posibilidad de crecimiento. Todos tenemos la capacidad de mejorar en cada uno de estos cuatro aspectos. Mientras evalúa las siguientes preguntas, evite pensar en todo lo que pueda cambiar. Para cada una de estas prioridades, simplemente enumere un aspecto tangible que le gustaría mejorar el próximo mes.

3. ¿A cuál prioridad espiritual le gustaría dedicar más tiempo el próximo año? ¿Cómo puede encontrar tiempo en su horario u organizar su día para incluir esta prioridad espiritual en su vida?

4. ¿Cuál es la prioridad familiar que necesita mayor atención? Puede ser dedicar tiempo para saludar a su esposo cuando llega del trabajo, orar con su hijo en la noche o tener la ropa lavada puntualmente. ¿Qué pasos puede dar para hacer de esto una prioridad?

5. ¿Cuál aspecto ministerial necesita priorizar correctamente? Si le cuesta decir que no y está saturada de compromisos, ¿cuáles oportunidades debe dejar pasar para concentrarse en un aspecto particular del servicio? Si usted constantemente dice que no, ¿en cuales aspectos necesita decir que sí para servir más abnegadamente con su tiempo?

6. ¿Cuál es la prioridad de cuidado personal que usted está descuidando? ¿Cómo puede encontrar en su horario maneras de cuidar su cuerpo físico?

No hay una fórmula exacta de lo que pueda ser mejor, porque cada familia es única. Algunos niños requieren más tiempo, mientras que quizás el matrimonio de otra mujer requiera mayor cuidado. Tal vez un esposo se sienta amado al recibir notitas escondidas en su almuerzo, mientras que otro quizás se sienta amado con una comida casera. Afortunadamente, Dios conoce a cada uno de los miembros de su familia y puede guiarla y orientarla, dándole la sabiduría que usted necesita.

Cuando determine qué cosas debe añadir a su día, es posible que se sienta abrumada y se pregunte: *¿Cómo puedo añadir algo más a mi ya apretada agenda?* Fíjese en aquellas cosas que le quitan tiempo. Son como las comidas azucaras para su dieta espiritual: está bien tomar una de vez en cuando, pero son, por así decirlo, "calorías vacías" cuando se trata de vivir una vida plena y consciente.

7. ¿Qué cosa usted cree que le quita más tiempo durante el día? ¿Cómo puede pasar menos tiempo en esa actividad?

8. ¿Cuánto tiempo está dedicando a las actividades recreativas? ¿Estas le limitan el cuidado de su familia o el tiempo que pasa con el Señor? ¿Lo alejan de la iglesia o le impiden compartir con sus compañeros?

9. ¿Está haciendo labores de voluntariado, asistiendo a reuniones sociales, o pasando horas adicionales en el trabajo para complacer o impresionar a otros en detrimento de otras prioridades más importantes? ¿A cuáles actividades podría negarse para poder acceder a otros aspectos que desea priorizar?

10. Piense en cuánto tiempo invierte en Facebook, Pinterest, la televisión, correo el electrónico, comprar ropa o adornar su hogar. ¿Cuántas horas a la semana invierte usted en estas actividades? Sea honesta consigo misma, ¡nadie verá su respuesta! ¿De qué manera el pasar menos tiempo en estas actividades puede darle tiempo libre para otras prioridades más importantes?

He aquí la cruda realidad para la mayoría de nosotros: no son las ocupaciones las que nos alejan de los aspectos más importantes de nuestras vidas. Nuestro verdadero problema es dónde buscamos satisfacción. Tal vez pensamos que nuestras actividades recreacionales, la conexión a internet o un hogar perfecto nos traerán gozo y paz. Sin embargo, tratar de encontrar satisfacción en esas actividades es parecido a tratar de saciar la sed bebiendo agua del océano. Estas actividades parecieran ser satisfactorias, pero al final, nos dejan aún más sedientos.

Escuche las palabras alentadoras que Isaías 55:1–2 tiene para usted y para mí hoy:

> "¡Vengan a las aguas todos los que tengan sed! ¡Vengan a comprar y a comer los que no tengan dinero! Vengan, compren vino y leche sin pago alguno. ¿Por qué gastan dinero en lo que no es pan, y su salario en lo que no satisface? Escúchenme bien, y comerán lo que es bueno, y se deleitarán con manjares deliciosos".

La satisfacción del alma se encuentra al venir a Jesús. Él es el agua viva y solo cuando tenemos una relación con Él podremos tomar de las dulces aguas que nos saciarán. Cuando pasamos tiempo con Jesús bendecimos a nuestras familias. Escoger hacerlo a Él nuestra más grande prioridad naturalmente afectará y dirigirá todas las demás prioridades.

Concluya su tiempo de oración, pidiéndole a Dios que le dé una visión renovada de sus prioridades y sabiduría para ordenar su vida en el hogar.

Día 5: Caminemos juntas como madres

"Así que tengan cuidado de su manera de vivir. No vivan como necios sino como sabios, aprovechando al máximo cada momento oportuno, porque los días son malos".

—Efesios 5:15-16

A veces, manejar tareas escolares, horarios deportivos, fechas de entrega, reuniones de trabajo y los oficios domésticos parece una labor tan abrumadora que puedo fácilmente quedarme paralizada. Tengo tanto que hacer que no sé por dónde empezar. En esos días, me viene a la mente un poema que una amiga me envió. El poema dice: "¡Pasa a lo siguiente!". Por alguna razón, esa simple oración me ayuda a estar enfocada y comenzar a realizar la tarea que tengo entre manos.

También resulta útil mantener ciertas prioridades en mente cuando programo mi horario. Cuanto más avanzo en mi recorrido como madre, más cuenta me doy de que una vida cuidadosa debe ser analizada concienzudamente. Basada en el pasaje de Efesios que leímos el día 1 de esta semana, he identificado varias prioridades que nos pueden ayudar a organizar el tiempo de manera que sea una bendición para nuestro hogar.

Tiempo con Dios

Cuando dejo de ingerir alimento físico, me siento cansada, me duele la cabeza y mi estómago ruge. Cuando dejo de ingerir alimento espiritual repetidas veces, mi alma se desgasta, mi paciencia disminuye, y la paz da lugar a la ansiedad y la preocupación. Apartar tiempo para orar y leer la Biblia es crucial para tener un alma bien nutrida.

El estudio y la oración en privado, la adoración colectiva, y los grupos pequeños de estudio de la Biblia me han ayudado y sustentado en mi caminar con Dios durante la maternidad. Estas son también las cosas que con mayor frecuencia tiendo a poner de últimas en mi lista cuando otros asuntos urgentes requieren mi atención. A veces incluso me siento culpable por retirarme un momento a leer mi Biblia y orar por mí. Parece que las habitaciones desordenadas y los platos sucios gritan más fuerte que el silencioso llamado de Jesús: "Vengan a mí todos ustedes que están cansados y agobiados, y yo les daré descanso"

(Mt. 11:28). Pero convertirnos en mujeres que se puedan reír de los días por venir comienza por permanecer en el Único que nos puede dar gozo verdadero.

Tiempo con nuestros esposos

En medio de la rutina diaria, a veces mi esposo queda de último lugar en mi lista de prioridades. Puedo encontrar mil cosas por las cuales agradecerle su ayuda y preocupación, sin tomarme el tiempo en pensar en cómo puedo amarlo y servirle. Con el paso de los años, cada vez me doy más cuenta de cuán necesario es que tengamos tiempo juntos a solas para cimentar la armonía dentro de nuestro hogar. Pasar tiempo sin los niños nos permite disfrutar de nuestra mutua compañía, así como discutir decisiones familiares importantes.

A medida que nuestros hijos crecen. Van surgiendo más preguntas: *¿Debería regresar a trabajar? ¿Deberíamos tener otro hijo? ¿A qué escuela deberíamos enviar a nuestros hijos? ¿Deberíamos educarlo en casa? ¿Cómo hemos de ejercer la disciplina? ¿Cuántas actividades debemos permitir? ¿A cuántas actividades sociales deberíamos asistir? ¿Cuál es la hora tope para que regresen a casa?* Tomarnos el tiempo para discutir estas decisiones con nuestros esposos crea unidad en nuestro matrimonio y fortalece a toda la familia.

Tiempo con nuestros hijos

Cada uno de nuestros hijos tiene maneras únicas de sentirse amados. Sin embargo, la mayoría de los niños disfrutan que sus padres asistan a las actividades deportivas, recitales escolares, paseos y otros acontecimientos especiales en sus vidas. No es necesario que asistamos a todas las actividades, pero sí hemos de demostrarles a nuestros hijos que los valoramos a ellos y las cosas que a ellos les importan.

Creo que algunas de las conversaciones más importantes ocurren en momentos normales de la vida diaria. Cuando les estoy pintando las uñas de los pies, rascándoles la espaldas, o simplemente cuando entro a la habitación para desearles dulces sueños, mis hijos me cuentan cosas sobre sus vidas. Estas actividades requieren que deje a un lado el teléfono y me aleje de la computadora para poder estar plenamente presente en el momento. El correo y el Facebook seguirán allí durante muchos años, pero el tiempo que comparto con mis hijos es un recurso valioso y limitado.

Tiempo para el ministerio

En Hechos 21:5, Lucas describió la siguiente escena: "Pero al cabo de algunos días, partimos y continuamos nuestro viaje. Todos los discípulos, incluso las mujeres y los niños, nos acompañaron hasta las afueras de la ciudad, y allí en la playa nos arrodillamos y oramos". Cuando Pablo y sus acompañantes continuaron el viaje, familias enteras los acompañaron a las afueras de la ciudad. Hombres, mujeres y niños oraron con ellos para que tuvieran un buen viaje. Bendecimos a nuestros hijos cuando los involucramos con el ministerio desde una edad temprana. Creo que es particularmente útil darles la oportunidad de interactuar con misioneros. Al orar regularmente por ellos, sus corazones se abren a un mundo mucho más amplio y a su propia misión de vida. Cuando nosotros mismos ministramos, también es bueno que nos acompañen para que vivan en primera fila el gozo de servir a Dios.

Tiempo para la salud

Nuestros cuerpos están hechos para trabajar mejor con la cantidad adecuada de sueño, alimento y ejercicios. En ciertas etapas de nuestra vida, podría ser difícil darle prioridad a estas cosas. Sin embargo, es importante cuidar de nuestros cuerpos físicos. Pablo le recordó a Timoteo lo siguiente: "Pues aunque el ejercicio físico trae algún provecho, la piedad es útil para todo, ya que incluye una promesa no solo para la vida presente sino también para la venidera" (1 Tim. 4:8). Aunque el mundo puede idolatrar la apariencia y la belleza física, nuestra esperanza es cuidar del cuerpo que Dios nos ha dado. El cuidado espiritual mantendrá nuestros hábitos de alimentación, sueño y ejercicios en la perspectiva correcta.

Esta semana iniciamos con la advertencia protectora de la Palabra de Dios: "Así que tengan cuidado de su manera de vivir. No vivan como necios sino como sabios, aprovechando al máximo cada momento oportuno, porque los días son malos" (Ef. 5:15–16). Cierre su tiempo de oración diciéndole estas palabras Dios y pidiéndole que la ayude a ordenar su hogar con sabiduría y esmero.

Sea un reflejo del corazón de Dios

Camine en el amor

Día 1

Cuando mis hijos aún estaban muy jóvenes, uno de los libros que más disfrutaba leerles era *Adivina cuánto te quiero*, de Sam McBratney, que relata una conversación a la hora de dormir entre la liebre grande color avellana y la liebre pequeña color avellana. En esta conversación, cada una de ellas trata de expresar lo profundo de su afecto por la otra. El dulce cuento termina cuando la liebre grande color avellana susurra: "Te amo de aquí hasta la luna".

Esta semana veremos el amor profundo e invariable que Dios siente por sus hijos. Toda la Escritura apunta a una única conclusión: el Padre nos ama y nos valora muchísimo: de aquí hasta la cruz. Estar firmemente enraizados en su amor nos permite volcar nuestro amor sobre nuestros hijos. Si bien amar a nuestros hijos parece la cosa más natural del mundo, cada uno de nosotros se quedará sin afecto en algún momento si no experimentamos el amor de Dios en nuestras vidas. Noches sin dormir, berrinches, quejas y agendas apretadas agotan nuestras reservas naturales y nos dejan con la necesidad de conectarnos a una fuente externa de amor. El amor de Dios por nosotros nos refresca el corazón y nos enseña cómo amar correctamente a nuestros hijos. Empiece el estudio de hoy pidiéndole a Dios que le enseñe nuevas facetas del amor durante esta semana para que pueda reflejar esas verdades en sus hijos.

1. Dios ha reivindicado a la gente con su favor a lo largo de toda la historia de la humanidad. Consideremos primeramente el amor de Dios por su pueblo, tal y como se muestra en el Antiguo Testamento. Lea los siguientes pasajes y subraye los diferentes aspectos del amor de Dios en cada versículo.

a. Salmo 86:5, 13, 15

"Tú, Señor, eres bueno y perdonador; grande es tu amor por todos los que te invocan. [...] Porque grande es tu amor por mí: me has librado de caer en el sepulcro [...] Pero tú, Señor, eres Dios clemente y compasivo, lento para la ira, y grande en amor y verdad".

b. Salmo 103:11

"Tan grande es su amor por los que le temen como alto es el cielo sobre la tierra".

c. Lamentaciones 3:22

"El gran amor del Señor nunca se acaba, y su compasión jamás se agota".

Todo el Antiguo Testamento es un período de expectativa y esperanza. Dios obró a través del pueblo de Israel, planeando una gran historia de redención que sería totalmente cumplida en Cristo. El Dios del Antiguo Testamento es el mismo del Nuevo Testamento, y su amor por su pueblo permanece invariable.

Sin embargo, en el Nuevo Testamento, la vida y muerte de Jesús muestran, en toda su extensión, el pacto de amor de Dios con su pueblo. La Cruz es una imagen, tanto del amor sacrificial de Dios, como de su divinidad. Por justicia, Dios siempre castiga el pecado. Por amor, el castigo que nosotros merecíamos recayó en Cristo. Dios, quien es rico en misericordia y gracia, creó una vía para que la deuda del pecado fuera pagada en su totalidad, lo que le permitió poder relacionarse con su pueblo.

2. Lea los siguientes pasajes, y piense qué revela cada uno de ellos sobre el amor de Dios por nosotros, como se demostró por medio de Jesús.

a. Juan 3:16

"Porque tanto amó Dios al mundo, que dio a su Hijo unigénito, para que todo el que cree en Él no se pierda, sino que tenga vida eterna".

b. Romanos 5:8

"Pero Dios demuestra su amor por nosotros en esto: en que cuando todavía éramos pecadores, Cristo murió por nosotros".

c. 1 Juan 3:1

"¡Fíjense qué gran amor nos ha dado el Padre, que se nos llame hijos de Dios! ¡Y lo somos! El mundo no nos conoce, precisamente porque no lo conoció a Él".

d. Romanos 8:31–39

"¿Qué diremos frente a esto? Si Dios está de nuestra parte, ¿quién puede estar en contra nuestra? El que no escatimó ni a su propio Hijo, sino que lo entregó por todos nosotros, ¿cómo no habrá de darnos generosamente, junto con Él, todas las cosas? ¿Quién acusará a los que Dios ha escogido? Dios es el que justifica. ¿Quién condenará? Cristo Jesús es el que murió, e incluso resucitó, y está a la derecha de Dios e intercede por nosotros. ¿Quién nos apartará del amor de Cristo? ¿La tribulación, o la angustia, la persecución, el hambre, la indigencia, el peligro, o la violencia? Así está escrito: 'Por tu causa siempre nos llevan a la muerte; ¡nos tratan como a ovejas para el matadero!'. Sin embargo, en todo esto somos más que vencedores por medio de Aquel que nos amó. Pues estoy convencido de que ni la muerte ni la vida, ni los ángeles ni los demonios, ni lo presente ni lo por venir, ni los poderes, ni lo alto ni lo profundo, ni cosa alguna en toda la creación, podrá apartarnos del amor que Dios nos ha manifestado en Cristo Jesús nuestro Señor".

3. De los versículos leídos hoy, ¿qué verdades sobre Dios lo animan en particular?

4. ¿Qué características del amor de Dios le cuesta creer que son verdaderas?

5. ¿Qué buenas obras, o malas decisiones cree usted que puedan afectar el amor de Dios hacia usted? ¿Sus elecciones pasadas le hacen sentir que Dios no puede amarla? ¿En ocasiones cree que Dios la ama más cuando lo obedece? ¿Por qué?

6. Si una madre duda del amor de Dios hacia ella, ¿cómo piensa usted que eso puede afectar su capacidad de amar a su hijo?

7. ¿Qué características del amor de Dios le gustaría desarrollar como madre? ¿Cómo puede usted amar a sus hijos de la manera en que Dios la ama?

Yo tengo un hijo y lo amo muchísimo. Imagíneme entrando a una cárcel de alta seguridad, llevando a mi hijo a la celda del criminal más atroz que se encuentra recluido allí. Después, en un acto de misericordia, por el criminal, dejo a mi hijo en prisión para que pague por las faltas del delincuente. Le brindo gracia. Lo traigo a mi casa. Le doy el lugar de mi hijo en la mesa, y su habitación para que duerma allí en las noches. Le leo cuentos. Cubro sus necesidades y le doy todo el amor que le daría a mi hijo.

Tan solo pensar en un intercambio así, donde el precio es mi hijo, me hace llorar. Y sin embargo, en el caso de Cristo, Dios hizo exactamente eso por nosotros. Somos los criminales a los que se les ha dado el lugar del hijo en la mesa. Todo el castigo que merecemos le fue impuesto a Jesús, y todo el amor que Jesús merecía nos fue dado a nosotros. Si Dios dio su hijo por nosotros, ¿cómo podemos dudar del alcance de su amor?

Llene hoy su corazón con las preciosas promesas hechas a todo el que cree. Nada la puede separar del amor de Dios, que es suyo a través de Cristo. No existe otra relación igual. Nuestros esposos e hijos podrían dejar de amarnos algún día. Los amigos pueden abandonarnos. Los enemigos se pueden levantar en contra nuestra. Y, en todas estas cosas, somos más que vencedores gracias al amor que Dios siente por nosotros a través de Cristo.

Regocijémonos en la esperanza de esta promesa. Nuestra alma está a salvo. Cristo está frente al trono de Dios intercediendo por nosotros. Independientemente de los rechazos o dificultades que enfrentemos en esta tierra, se nos prometió la presencia del Señor. Él no nos dejará ni nos abandonará, sino que nos reivindicará con su amor toda la vida. El más pobre de los creyentes puede decir con confianza: ¡Soy rico! El hombre más rico verá algún día cuán pobre es sin el amor de Cristo.

Mientras reflexiona en la riqueza que posee el día de hoy, abra su Biblia y medite en las palabras del Salmo 136, que enumera las muchas formas en las que el Señor le demostró su fiel amor a Israel. Después de cada línea, el salmista adoró con las palabras: "Su gran amor perdura para siempre". Haga una pausa ahora y escriba diez formas en las que el Señor ha demostrado su amor por usted. Termine cada una con la expresión: "Su gran amor perdura para siempre". Dé hoy gracias al Señor por las formas en que Él le ha demostrado su amor.

Día 2

Hoy estudiaremos el afecto que Dios demanda de nosotros. La primera respuesta al amor de Dios es un profundo y obediente amor por Él. Tal y como esperamos que nuestros hijos respondan a nuestro afecto, Dios desea el afecto de su pueblo.

Nosotros también respondemos al amor de Dios amando a nuestro prójimo. No podemos declarar nuestro profundo afecto hacia Dios si despreciamos a las personas que Él pone en nuestras vidas. Inicie este tiempo de hoy con oración, pidiéndole a Dios que le permita mirar en las profundidades de su amor mientras estudia su Palabra.

1. Empecemos leyendo el resumen que Jesús hace de la ley en **Mateo 22:35–40**.

> "Uno de ellos, experto en la ley, le tendió una trampa con esta pregunta: 'Maestro, ¿cuál es el mandamiento más importante de la ley?'. 'Ama al Señor tu Dios con todo tu corazón, con todo tu ser y con toda tu mente", le respondió Jesús. Este es el primero y el más importante de los mandamientos. El segundo se

parece a este: 'Ama a tu prójimo como a ti mismo'. De estos dos mandamientos dependen toda la ley y los profetas".

a. En este pasaje, ¿a quién nos dice Jesús que debemos amar?

b. ¿Cómo debemos amar a Dios? ¿Cómo debemos amar a nuestro prójimo?

c. Reflexione en los diez mandamientos (vea Ex. 20). ¿De qué manera los cumplimos cuando amamos a Dios y a nuestro prójimo?

Parece algo bastante simple: ame a Dios y ame a su prójimo. Sin embargo, usted y yo sabemos que no es fácil poner este precepto en práctica. Todos somos susceptibles al amor por nosotros mismos o al amor por las cosas materiales, lo que interfiere en nuestro amor por Dios y los demás.

Cualquier cosa que entorpezca nuestra devoción incondicional a Dios viene a ser un ídolo. La idolatría comienza en nuestros corazones cuando amamos algo (aun cuando sea algo bueno) más de lo que amamos a Dios. Esto se transmite a nuestros actos y evita que amemos a los demás. La Biblia nos advierte contra la idolatría y las consecuencias negativas de nuestros afectos equivocados.

2. Lea los siguientes versículos, y subraye en cada una las personas o cosas que pudiéramos amar más que a Dios.

a. **Mateo 10:37–39**

"El que quiere a su padre o a su madre más que a mí no es digno de mí; el que quiere a su hijo o a su hija más que a mí no es digno de mí; y el que no toma su cruz y me sigue no es digno de mí. El que encuentre su vida, la perderá, y el que la pierda por mi causa, la encontrará".

b. 1 Timoteo 6:10

"Porque el amor al dinero es la raíz de toda clase de males. Por codiciarlo, algunos se han desviado de la fe y se han causado muchísimos sinsabores".

c. Hebreos 13:5

"Manténganse libres del amor al dinero, y conténtense con lo que tienen, porque Dios ha dicho: 'Nunca te dejaré; jamás te abandonaré".

d. 1 Juan 2:15–17

"No amen al mundo ni nada de lo que hay en él. Si alguien ama al mundo, no tiene el amor del Padre. Porque nada de lo que hay en el mundo—los malos deseos del cuerpo, la codicia de los ojos y la arrogancia de la vida—proviene del Padre sino del mundo. El mundo se acaba con sus malos deseos, pero el que hace la voluntad de Dios permanece para siempre".

Una noche, cuando mi esposo preparaba a Kate, nuestra hija más pequeña, para dormir, se acurrucó a su lado, le dio un abrazo, y le dijo: "¡Te amo mucho!".

Sus ojitos se abrieron de par en par, y respondió: "Pero no más que a Dios, ¿verdad?".

Mi esposo sonrió y le dijo: "Sí. Te amo. Pero no más que a Dios".

Saber que él ama a Dios más que todo lo demás, le permitió a Kate estar más segura del amor de su papi.

Jesús nos advirtió que aun el amor por nuestras familias puede ser idolatría. Ciertamente, es bueno mostrar una bondad amorosa hacia nuestros padres e hijos. Pero en realidad, los niños confían menos cuando son el centro del hogar. Entender que Dios es la relación más importante de nuestras vidas los libera para que acepten nuestro amor sin la presión de expectativas poco realistas.

Que nuestro afecto por Cristo aumente no significa que amemos menos a nuestras familias. Nuestro amor por los demás en realidad se incrementa mientras más amamos a Cristo. C. S. Lewis escribió:

"Cuando haya aprendido a amar a Dios más que a mi ser más querido, amaré a mi ser más querido más de lo que lo hago ahora. En la medida en que yo aprenda a amar a mi ser más querido a costa de Dios y *en lugar de* Dios, me estaré moviendo hacia un estado en el que no amaré para nada a mi ser más querido. Cuando lo primero se coloca en primer lugar, lo segundo no se suprime, sino que se incrementa".[8]

Además de nuestras familias, el dinero y la mundanalidad se pueden convertir en ídolos. Buscar ganancias materiales nos puede dejar cansados y vacíos y queriendo más. Los afectos equivocados resultan en vidas desperdiciadas. Los placeres mundanos nos pueden brindar placer, pero solo en Cristo nuestras almas se deleitan en lo que es bueno (Is. 55:1–3).

Termine el estudio de hoy pensando en las posesiones, la popularidad, el poder, o las personas que puedan haber empezado a interferir en su afecto por Dios.

3. Piense en las advertencias que se hacen en contra de la idolatría en los pasajes que hemos leído hoy. ¿Ha estado usted tentada a pensar que hay algo que podría satisfacerla más que Dios?

4. ¿Qué le hace sentir mayor seguridad en la vida? ¿En qué o quién confía más? ¿Por qué?

5. ¿Cómo se corresponde el amor de Dios con la obediencia a Él?

6. ¿Existe algún aspecto en el que esté desobedeciendo a Dios actualmente? ¿Qué ídolo está en el centro de esa desobediencia?

7. ¿De qué formas está afectando la idolatría a su familia? ¿De qué maneras diferentes puede usted volverse a Cristo en ese aspecto?

El Señor nos ha dado la gracia de bendecirnos con muchos regalos. Estas cosas se convierten en ídolos cuando ponemos nuestro afecto por ellas por encima del mismo Dios. Pídale al Señor que le haga sentir un amor apropiado por las bendiciones y el consuelo que Él provee y un corazón que confíe en que Él es la fuente de toda la bondad en su vida.

Día 3

Si queremos que nuestro amor por los demás abunde, necesitamos una fuente de amor externa a nosotros. Dios debe cambiar nuestros corazones y darle una nueva dirección a nuestros afectos. Cuando recibimos el abundante amor de Cristo, somos libres para buscar a otros con amor, no para ganarnos su afecto, sino para dar de lo que ya hemos recibido.

Hoy daremos una mirada a la fuente de nuestro amor para los demás y aprenderemos cómo debemos amar a las personas que están en nuestras vidas.

1. Lea 1 Juan 4:7–12, 19–21.

"Queridos hermanos, amémonos los unos a los otros, porque el amor viene de Dios, y todo el que ama ha nacido de Él y lo conoce. El que no ama no conoce a Dios, porque Dios es amor. Así manifestó Dios su amor entre nosotros: en que envió a su Hijo unigénito al mundo para que vivamos por medio de Él. En esto consiste el amor: no en que nosotros hayamos amado a Dios, sino en que Él nos amó y envió a su Hijo para que fuera ofrecido como sacrificio por el perdón de nuestros pecados. Queridos hermanos, ya que Dios nos ha amado así, también nosotros debemos amarnos los unos a los otros. Nadie ha visto jamás a Dios, pero si nos amamos los unos a los otros, Dios permanece entre nosotros, y entre nosotros su amor se ha manifestado plenamente.

[...] Nosotros amamos a Dios porque Él nos amó primero. Si alguien afirma: 'Yo amo a Dios', pero odia a su hermano, es un mentiroso; pues el que no ama a su hermano, a quien ha visto, no puede amar a Dios, a quien no ha visto. Y Él nos ha dado este mandamiento: el que ama a Dios, ame también a su hermano".

a. ¿Por qué debemos amar a los demás?

b. ¿Cómo ha demostrado Dios su amor por nosotros?

c. ¿Cómo se completa el amor de Dios en nosotros?

d. ¿Cuál es la fuente de nuestro amor por los demás?

2. Lea **Tito 3:3–7**.

"En otro tiempo también nosotros éramos necios y desobedientes. Estábamos descarriados y éramos esclavos de todo género de pasiones y placeres. Vivíamos en la malicia y en la envidia. Éramos detestables y nos odiábamos unos a otros. Pero cuando se manifestaron la bondad y el amor de Dios nuestro Salvador, Él nos salvó, no por nuestras propias obras de justicia sino por su misericordia. Nos salvó mediante el lavamiento de la regeneración y de la renovación por el Espíritu Santo, el cual fue derramado abundantemente sobre nosotros por medio de Jesucristo nuestro Salvador. Así lo hizo para que, justificados por su gracia, llegáramos a ser herederos que abrigan la esperanza de recibir la vida eterna".

a. ¿Cómo éramos cuando estábamos apartados del amor de Dios?

b. ¿Por qué fuimos salvados por Dios?

Dios nos reivindicó con su amor cuando éramos enemigos de su gracia. Estábamos muertos en nuestras transgresiones y pecados, esclavizados por nuestras pasiones y placeres mundanos. Dios nos salvó a causa de su misericordia. Nada dentro de nosotros nos hizo merecedores de su amor o de su gracia. Una vez que llegamos a Cristo, el Espíritu Santo despierta nuestros corazones. En Cristo, el Espíritu Santo nos hace renacer de nuevas maneras. Podemos demostrar paciencia y bondad con nuestros hijos cuando cometen faltas, porque recordamos que Dios nos brindó su gracia a nosotros en primer lugar. Podemos soportar las faltas de otros, porque nos damos cuenta de la paciencia que Dios ha tenido con nosotros. El amor de Dios lo cambia todo.

Su amor también hace nacer en nosotros una nueva obediencia y una disposición de seguir sus mandatos. Dios no nos ama por nuestras obras, pero su amor que vive en nosotros nos lleva a realizar buenas obras. El pasaje final para el día de hoy contiene lo que Jesús les dijo a sus discípulos, justo antes de su muerte.

3. Lea **Juan 15:9-17**, en donde Jesús habla a sus discípulos:

> "Así como el Padre me ha amado a mí, también yo los he amado a ustedes. Permanezcan en mi amor. Si obedecen mis mandamientos, permanecerán en mi amor, así como yo he obedecido los mandamientos de mi Padre y permanezco en su amor. Les he dicho esto para que tengan mi alegría y así su alegría sea completa. Y este es mi mandamiento: que se amen los unos a los otros, como yo los he amado. Nadie tiene amor más grande que el dar la vida por sus amigos. Ustedes son mis amigos si hacen lo que yo les mando. Ya no los llamo siervos, porque el siervo no está al tanto de lo que hace su amo; los he llamado amigos, porque todo lo que a mi Padre le oí decir se lo he dado a conocer a ustedes. No me escogieron ustedes a mí, sino que yo los escogí a ustedes y los comisioné para que vayan y den fruto, un fruto que perdure. Así el Padre les dará todo lo que le pidan en mi nombre. Este es mi mandamiento: que se amen los unos a los otros".

a. ¿Hasta qué punto Jesús les ordenó a sus discípulos que se amaran los unos a los otros?

b. ¿Qué fue lo que Él identificó como la fuente del amor de los discípulos (v. 9)?

c. ¿Cómo permanecerían ellos en el amor de Jesús (v. 10)?

d. ¿Qué razón tuvo Jesús para indicarles que se amaran los unos a los otros (v. 11)?

e. ¿Cuál es el tipo de amor más grande?

f. Como madres, a menudo necesitamos hacer grandes sacrificios por amor a nuestros hijos. ¿De qué manera está usted dispuesta a dar la vida por sus hijos? ¿Cómo esto les demuestra el amor sacrificial de Cristo?

La noche antes de morir, Jesús les dio dos instrucciones precisas a sus seguidores. Primero, que debían permanecer en su amor. Amar a Dios requiere que confiemos en Él y obedezcamos sus mandatos. Demostramos nuestro amor por Dios escuchando su Palabra y siguiendo sus preceptos. Nuestras obras nunca podrán salvarnos, pero pueden bendecirnos y bendecir las vidas de otros.

En segundo lugar, Jesús les ordenó a sus discípulos que se amaran los unos a los otros. Amamos a los demás no porque sean perfectos, sino porque Dios nos ama. Debemos recordar esto con frecuencia. Cuando nos aferramos al dolor, la frustración y la rabia, la amargura se arraiga en nosotros. La murmuración, la calumnia, la envidia y la malicia son los frutos de un corazón amargado. Confiarle al Señor las injusticias cometidas en nuestra contra nos permite perdonar. Descargar nuestras penas y dolores en Él nos libera para amar a otros. No tenemos que controlar el comportamiento de los demás, porque confiamos en que Dios está en control. Un amor como el de Cristo construye un hogar lleno de gracia.

Cierre el estudio de hoy reflexionando en las muchas formas en que Dios le ha demostrado su amor, particularmente a través de la cruz. Piense en como su amor la puede impulsar a amar de maneras tangibles a su esposo, a sus hijos y su prójimo. Ore para que lo que dice en Gálatas 5:22–23 se haga realidad por el Espíritu que obra en usted: "El fruto del Espíritu es amor, alegría, paz, paciencia, amabilidad, bondad, fidelidad, humildad y dominio propio. No hay ley que condene estas cosas".

Día 4

Me encanta escuchar a mi hija de seis años cuando está jugando con sus muñecas en su habitación. Les prepara un bocadillo imaginario y les dice en un tono dulce y maternal: "Cariño, sé que quieres más, pero primero tienes que terminarte lo que tienes en el plato". Les cepilla el cabello y las viste para ir al colegio. Al llevarlas a la cama, les canta la misma canción de cuna que yo le canto cada noche. Me hace sonreír cuando la oigo imitar el amor y el cuidado que le doy a ella.

En su carta a los Efesios, Pablo escribió: "Por tanto, imiten a Dios, como hijos muy amados, y lleven una vida de amor, así como Cristo nos amó y se entregó por nosotros como ofrenda y sacrificio fragante para Dios" (5:1–2). De igual forma que los niños imitan el amor de sus padres, nosotros podemos reflejar el amor de Dios.

Inicie el estudio de hoy en oración pidiéndole a Dios un corazón que refleje su amor en los demás.

1. Comencemos examinando una de las más bellas descripciones del amor en todas las Escrituras, **1 Corintios 13:4–7**.

"El amor es paciente, es bondadoso. El amor no es envidioso ni jactancioso ni orgulloso. No se comporta con rudeza, no es egoísta, no se enoja fácilmente, no guarda rencor. El amor no se deleita en la maldad sino que se regocija con la verdad. Todo lo disculpa, todo lo cree, todo lo espera, todo lo soporta".

a. Anote tres descripciones del amor en este pasaje que le llamen la atención. ¿Por qué eligió esas tres?

b. Al pensar en los diferentes aspectos del amor, ¿en qué aspecto le gustaría que su amor por los demás aumentara?

c. ¿Qué características del amor ve usted en su propia vida cuando cuida de su familia? ¿De qué maneras usted los ama?

d. ¿Cómo estos versículos la estimulan para que ame a su familia de nuevas maneras?

El texto de 1 Corintios 13 es uno de los pasajes sobre el amor más conocidos. Aunque las palabras son familiares, es raro ver tal despliegue de amor en el mundo actual. Estos versículos describen de tal manera el amor abnegado de Cristo, que podemos volver a leer el pasaje e insertar el nombre de Jesús en cada lugar en que se encuentre la palabra amor: "Jesús es paciente, es bondadoso. Jesús no es envidioso ni jactancioso ni orgulloso. No se comporta con rudeza, no es egoísta, no se enoja fácilmente, no guarda rencor. Jesús no se deleita en la maldad sino que se regocija con la verdad. Todo lo disculpa, todo lo cree, todo lo espera, todo lo soporta".

Nuestra esperanza como madres es reflejar cada vez más el amor de Jesús. Día tras día, al caminar con Él, estamos siendo hechas a su imagen. Nuestro amor por nuestros hijos nunca será perfecto, pero por la obra del Espíritu en nuestras vidas, se irá pareciendo cada vez más al amor de Cristo.

2. Cuando crecemos en su amor, influiremos también en quienes no pertenecen a nuestras familias. Leamos las palabras de Jesús en **Mateo 5:43–45.**

"Ustedes han oído que se dijo: 'Ama a tu prójimo y odia a tu enemigo'. Pero yo les digo: Amen a sus enemigos y oren por quienes los persiguen, para que sean hijos de su Padre que está en el cielo. Él hace que salga el sol sobre malos y buenos, y que llueva sobre justos e injustos".

a. ¿A quién nos dijo Jesús que amáramos?

b. ¿Cómo los debemos amar?

c. ¿Cómo este tipo de amor refleja el amor de Dios por nosotros?

d. ¿Qué conocimiento halla usted en este pasaje que la ayudan a aconsejar a sus hijos cuando otros han herido sus sentimientos o los han tratado mal?

Lea más de las enseñanzas de Jesús en **Juan 13:34–35.**

"Este mandamiento nuevo les doy: que se amen los unos a los otros. Así como yo los he amado, también ustedes deben amarse los unos a los otros. De este modo todos sabrán que son mis discípulos, si se aman los unos a los otros".

3. ¿Qué efecto tiene nuestro amor por los demás en el mundo que nos observa?

¿Alguna vez se ha encontrado usted con alguien con tal disposición que supo al instante que él o ella debía ser cristiano? He descubierto que los creyentes más viejos son los que más a menudo ejemplifican este tipo de calidez amable. El efecto residual del tiempo que han pasado con el Señor irradia una hermosa alegría que atrae a la gente. Sus hogares son cariñosos y hospitalarios, reflejando así el amor de Cristo. Cuando tratamos bien a los demás y extendemos la gracia a nuestros enemigos, otros reconocerán y serán atraídos por nuestro amor hacia Cristo.

Terminaremos nuestro estudio del día de hoy con una mirada a dos pasajes que describen los efectos del amor de Dios sobre nuestras vidas y nuestras familias.

4. Lea **Colosenses 3:12–14**.

"Por lo tanto, como escogidos de Dios, santos y amados, revístanse de afecto entrañable y de bondad, humildad, amabilidad y paciencia, de modo que se toleren unos a otros y se perdonen si alguno tiene queja contra otro. Así como el Señor los perdonó, perdonen también ustedes. Por encima de todo, vístanse de amor, que es el vínculo perfecto".

a. ¿De qué forma animó Pablo a los colosenses a relacionarse entre ellos?

b. ¿Qué razón les dio para que se amaran los unos a los otros?

c. Me encanta la imagen que aparece en este versículo sobre revestirse de afecto entrañable y de bondad, humildad, amabilidad y paciencia. ¿No es este atuendo más bonito que cualquier otro que pudiéramos usar? ¿De cuál de estos atributos le gustaría revestirse hoy?

5. Lea **Romanos 12:9–13**.

"El amor debe ser sincero. Aborrezcan el mal; aférrense al bien. Ámense los unos a los otros con amor fraternal, respetándose y honrándose mutuamente. Nunca dejen de ser diligentes; antes bien, sirvan al Señor con el fervor que da el Espíritu. Alégrense en la esperanza, muestren paciencia en el sufrimiento, perseveren en la oración. Ayuden a los hermanos necesitados. Practiquen la hospitalidad".

a. ¿Qué ha aprendido sobre el amor a través de este pasaje?

b. ¿Cómo puede aumentar el amor entre los miembros de su familia?

c. ¿Qué le parecería honrar a los miembros de su familia por encima de usted el día de hoy?

d. ¿De qué manera nuestra devoción por el Señor nos lleva a amar a los demás correctamente?

Estos dos pasajes nos brindan conocimientos maravillosos que sirven de guía para interactuar dentro de cualquier familia. Las familias que se aman se perdonan entre sí, recordando el perdón misericordioso de Dios. Se toleran entre ellos. Se honran. Sirven juntos al Señor. Oran juntos. Acogen a los demás en su hogar. Las familias que se aman se edifican a sí mismas y derraman la luz del amor de Cristo sobre el resto del mundo.

Concluya el estudio del día pidiéndole a Dios que la llene de nuevo con un profundo amor por Cristo, que se derrame sobre su familia. Pídale al Señor, por medio de su Espíritu, que lleve el fruto del amor en su vida. Recite 1 Corintios 13:4–7 en oración, por usted y por los miembros de su familia.

Día 5: Caminemos juntas como madres

"Sobre todo, ámense los unos a los otros profundamente, porque el amor cubre multitud de pecados".
—1 Pedro 4:8

Cuando recuerdo mi niñez, me doy cuenta de que lo único que siempre he sabido es que mis padres me amaron muchísimo. Todas las mañanas, escuchaba la frase "te amo" al salir por la puerta al comenzar el día, y cada noche escuchaba la frase "te amo" antes de cerrar los ojos para dormir. Durante todo el día la evidencia del amor de mis padres me rodeaba: la comida preparada, los libros leídos en voz alta, las preguntas sobre cómo estuvo mi día, la fiel disciplina y la instrucción paciente.

Tanto de palabra como de obra, el amor de mis padres me llevó al amor de Dios. Su afecto pavimentó el camino de mi creencia en el amor de Dios cuando era adolescente.

Como padres, nuestra esperanza es poder modelar, aunque no sea perfectamente, el amor del Padre por nuestros hijos, para que un día ellos puedan llegar a entender y conocer el amor que Él siente por ellos.

El amor de Dios es mucho más vasto de lo que incluso la mejor de las madres puede aspirar a darle a su hijo. Mientras que nuestro amor puede caer presa de la impaciencia o de la falta de bondad, el amor de Dios es perfecto desde todo punto de vista. Él promete que siempre estará obrando para el bien de sus hijos. No se cansa de amar a su pueblo. Sus misericordias son nuevas cada día. Su amor es tardo para la ira, perpetuo, y más alto, más profundo, y más ancho de lo que podemos imaginar. Su amor no falla.

En ninguna parte se muestra todo esto tan claramente como en el abundante amor que el Señor derramó sobre nosotros en su Hijo. El amor de Dios vino a pesar de que vivíamos en el pecado, alejados de Dios y en contra de su bondad. En Cristo vemos que su amor nos sigue. Él envió a su Hijo, sabiendo que estábamos perdidos como ovejas sin pastor. Jesús amó a los demás sirviendo, sanando, enseñando, corrigiendo, y atrayendo gente hacia Él.

En la cruz, Dios demostró su amor abnegado por medio del enorme e intencional sufrimiento de Jesús el día de su muerte. Jesús soportó todas estas cosas por todo el gozo que esto habría de traer: una relación restaurada con usted y conmigo. Él reveló el alcance de su amor dando su vida por nosotros.

El amor de Dios provoca múltiples respuestas de su pueblo. Primero, respondemos con afecto hacia Dios. Lo amamos porque Él nos amó primero. Adicionalmente, nuestro deseo de obedecer sus preceptos se incrementa con nuestra comprensión de su amor. Nos deleitamos en la ley de Dios porque la vemos como bondad para con nosotros. Más que una carga o un grillete, la ley se convierte en una lámpara a nuestros pies y una luz en nuestro sendero.

El amor de Dios también nos mueve a compartir su amor con otros. Mientras crecemos en el entendimiento de su amor, nos hacemos capaces de amar a nuestras familias de nuevas formas. Extendemos paciencia cuando experimentamos la paciencia de Dios con nosotros. Tardamos en airarnos, porque comprendemos que Dios ha sido tardo para la ira con nosotros. Dejamos de llevar una cuenta de lo que se ha cometido en nuestra contra cuando recordamos que nuestra propia lista ha sido limpiada. Nos vemos capacitados para amar de manera sacrificada y altruista cuando meditamos en el amor de Cristo por nosotros en la cruz. El amor de Dios nos dispone a bien amar a nuestras familias.

El amor de una madre ara el suelo del corazón y lo hace tierra fértil para que el evangelio eche raíces. Al brindar su amor de forma diligente, gozosa y considerada, la madre prepara a sus hijos con una base firme para toda la vida. Un autor relató que estuvo en una conferencia pastoral en la que se les pidió a los asistentes que contaran las formas en las que cada uno había llegado a la fe. De los ciento veinte pastores congregados, más de cien atribuyeron sus conversiones a sus madres.[9]

El amor materno es un instrumento clave en las manos del Creador para preparar a su pueblo para aceptar y creer en su amor por ellos. Como vimos la semana pasada, cuando Pablo le escribió a Tito, quiso asegurarse de que las mujeres mayores estaban enseñando a las mujeres más jóvenes a amar a sus esposos y a sus hijos (2:4). El entendía que Dios usa el amor de una esposa y una madre para edificar e influenciar a su familia.

Anímese: sus abrazos diarios, sus actos de servicio silenciosos y sus tiernas palabras de afecto están fortaleciendo y dándole seguridad a sus hijos cada día. Ore hoy para recibir gracia para amar correctamente a sus hijos. Esta es la base fundamental de todo lo que hacemos. Tal y como Pablo nos lo recuerda elocuentemente:

"Si hablo en lenguas humanas y angelicales, pero no tengo amor, no soy más que un metal que resuena o un platillo que hace ruido. Si tengo el don de profecía y entiendo todos los misterios y poseo todo conocimiento, y si tengo una fe que logra trasladar montañas, pero me falta el amor, no soy nada. Si reparto entre los pobres todo lo que poseo, y si entrego mi cuerpo para que lo consuman las llamas, pero no tengo amor, nada gano con eso" (1 Co. 13:1–3).

Que nuestros afectos más cálidos, nuestras actitudes pacientes, nuestros dulces cuidados y nuestras sonrisas de bienvenida se derramen desde el amor de Dios que se manifiesta en nuestros propios corazones.

❧ Semana 6 ❧

Fomente un espíritu de agradecimiento

Camine alegre

Día 1

Yo tengo un sueño. Sueño con una familia que se sienta a la mesa a cenar, agradecidos por los alimentos que están frente a ellos, diciéndose palabras amables entre sí y llenos de alegría por el solo hecho de estar juntos. La realidad raramente se corresponde con mi sueño. Lo más común es que comiencen a rezongar por la comida, que la exasperación entre ellos se incremente, y que las discusiones se derramen como un vaso de leche.

¿Comparte usted mi sueño? ¿Desea disfrutar de un hogar agradecido y alegre, pero le parece increíblemente difícil lograrlo? Una madre que trata de complacer a todo el mundo puede terminar frustrada y agotada (créanme, ¡me ha pasado!). Y emplear el lenguaje de la culpa para impulsar a su hijo a sentirse alegre tampoco funciona: "¿Sabes lo feliz que deberías estar? La mayoría de los niños estarían agradecidos por tener la vida que tienes". Desafortunadamente, también he utilizado ese argumento.

Las razones que damos a nuestros hijos para sentirse agradecidos son importantes. Pero, ¿cómo podemos alentar actitudes alegres que fluyan de un corazón agradecido? Esta semana exploraremos las Escrituras para aprender dónde podemos encontrar alegría duradera. Empecemos hoy en oración pidiéndole al Señor de bondad que nos llene del gozo en su presencia.

1. Lea los siguientes versículos. Subraye en cada uno de ellos las palabras o frases que señalen la fuente de la alegría.

   a. **Salmo 16:11**

   "Me has dado a conocer la senda de la vida; me llenarás de alegría en tu presencia, y de dicha eterna a tu derecha".

b. Salmo 28:7

"El Señor es mi fuerza y mi escudo; mi corazón en Él confía; de Él recibo ayuda. Mi corazón salta de alegría, y con cánticos le daré gracias".

c. Salmo 92:4

"Tú, Señor, me llenas de alegría con tus maravillas; por eso alabaré jubiloso las obras de tus manos".

d. Salmo 19:8

"Los preceptos del Señor son rectos: traen alegría al corazón. El mandamiento del Señor es claro: da luz a los ojos".

e. Juan 15:10–11

"Si obedecen mis mandamientos, permanecerán en mi amor, así como yo he obedecido los mandamientos de mi Padre y permanezco en su amor. Les he dicho esto para que tengan mi alegría y así su alegría sea completa".

Con demasiada frecuencia, buscamos felicidad en los placeres mundanos, el éxito y las relaciones, conduciendo a nuestra familia a través de un turbulento viaje emocional. Si las cosas van bien, entonces mamá está feliz. Si se presentan problemas, entonces mamá está triste, enojada o impaciente. Si nosotras como madres buscamos alegría en nuestras circunstancias o posesiones, entonces criaremos hijos que harán lo mismo.

La solución a este caos es darse cuenta de que la fuente más grande de alegría en nuestras vidas es el Señor: quien Él es, su presencia en nuestras vidas, sus obras, su Palabra, su fuerza y su amor. Permanecer en Dios, el autor de toda alegría, nos lleva a experimentar un gozo eterno y abundante.

2. ¿De qué manera las circunstancias afectan su alegría? ¿Cómo afecta esto a sus hijos?

3. Medite en los versículos que hemos leído. ¿Cuál de las razones para estar alegres llama más su atención? ¿Por qué?

4. Lea los siguientes versículos. En cada uno, subraye la fuente de alegría en la vida de un cristiano.

   a. **Salmo 13:5**

   "Pero yo confío en tu gran amor; mi corazón se alegra en tu salvación".

   b. **Lucas 10:17–20**

   "Cuando los setenta y dos regresaron, dijeron contentos: 'Señor, hasta los demonios se nos someten en tu nombre'. 'Yo veía a Satanás caer del cielo como un rayo —respondió él—. Sí, les he dado autoridad a ustedes para pisotear serpientes y escorpiones y vencer todo el poder del enemigo; nada les podrá hacer daño. Sin embargo, no se alegren de que puedan someter a los espíritus, sino alégrense de que sus nombres están escritos en el cielo'".

   c. **Hechos 16:34**

   "El carcelero los llevó a su casa, les sirvió comida y se alegró mucho junto con toda su familia por haber creído en Dios".

   d. **1 Pedro 1:8–9**

   "Ustedes lo aman a pesar de no haberlo visto; y aunque no lo ven ahora, creen en Él y se alegran con un gozo indescriptible y glorioso, pues están obteniendo la meta de su fe, que es su salvación".

El Señor y el regalo de su salvación son las dos fuentes primarias de nuestra alegría. Afortunadamente, ambas fuentes son fijas, eternas y abundantes. Nadie puede separarnos del amor de Dios, y nuestra salvación no nos puede ser arrebatada. Si sabemos esto, aun en el día malo, podremos regocijarnos y decir: "Alcancé salvación".

A la luz de estas verdades, responda las siguientes preguntas:

5. ¿Qué ha hecho Dios esta semana que la haya llenado de alegría?

6. ¿En qué formas halla usted gozo en su Palabra?

7. ¿Cómo llegó usted a creer en Cristo? ¿De qué manera el regalo de la salvación le proporciona gozo?

8. Piense en una circunstancia difícil que esté enfrentando actualmente. ¿Cuál de los versículos que hemos visto hoy le genera esperanza en medio de su problema?

Me gustan los himnos porque convierten la verdad en música de una manera hermosa.

Para cerrar el estudio del día de hoy, la animo a dejar que la letra del himno "Alcancé salvación" la guíe en la adoración. Luego finalice en oración, pidiéndole al Señor que la convierta en una mujer alegre, cuyo hogar refleje su deleite en Él.

De paz inundada mi senda ya esté,
O cúbrala un mar de aflicción,
Mi suerte cualquiera que sea, diré:
Alcancé, alcancé salvación.

Coro:
Alcancé salvación.
Alcancé, alcancé salvación.

Ya venga la prueba o me tiente Satán,
No amenguan mi fe ni mi amor;
Pues Cristo comprende mis luchas, mi afán
Y su sangre vertió en mi favor.

—*Coro*—

Feliz yo me siento al saber que Jesús,
Me libró de yugo opresor;
Quitó mi pecado, lo clavó en la cruz:
Gloria demos al buen Salvador.

—*Coro*—

La fe tornarás en gran realidad
Al irse la niebla veloz;
Desciende Jesús con su gran majestad,
¡Aleluya! Estoy bien con mi Dios.

—Horatio Spafford

Día 2

Cuando nació la mayor de mis hijas, vivíamos en un pequeño apartamento de una habitación en Edimburgo, Escocia. Mi esposo estaba haciendo un doctorado en ese momento, así que nuestras finanzas eran un poco limitadas y nos las arreglamos con unos pocos implementos para bebés. La guardería de Emma era la sala, y su cunita era un cochecito inglés que nos había prestado uno de los amigos de la iglesia. Aunque no teníamos mucho dinero, la presencia de Emma llenaba nuestras vidas de alegría.

Cada mañana, al despertar Emma, me sentaba con ella en el sofá a escuchar música. Le cantaba canciones, mientras me deleitaba en el tiempo que pasábamos juntas. Me pasaba horas contemplando sus grandes ojos marrones y moviéndole sus piececitos al compás de la melodía.

El libro de Sofonías nos presenta una imagen similar de cómo Dios se deleita con cada uno de nosotros: "Porque el Señor tu Dios está en medio de ti como guerrero victorioso. Se deleitará en ti con gozo, te renovará con su amor, se alegrará por ti con cantos" (3:17). Me encanta esta imagen de Dios, lleno de deleite y regocijándose con sus hijos.

¿Cree usted en esta imagen benevolente y paternal de Dios? ¿Sabe que Él se deleita en usted? A menudo dejamos que las faltas de nuestro pasado llenen nuestros corazones de incredulidad. Un corazón cargado de culpa y vergüenza por los pecados del pasado se negará a regocijarse libremente. Por supuesto, debemos lamentarnos por nuestro pecado y arrepentirnos de nuestras malas acciones, pero el Señor no nos pide que nos hundamos en nuestras fallas. Él nos llama a regocijarnos en nuestra redención. Hoy reflexionaremos en el llamado que Dios le hace a su pueblo para que sea una comunidad alegre. Inicie este estudio en oración, pidiéndole a Dios que le dé sabiduría y entendimiento en su Palabra.

1. Dios les ordenó a los israelitas que se tomaran un tiempo todos los años como comunidad para regocijarse de la provisión del Señor. Lea los siguientes pasajes, ambos descriptivos de la misma celebración, conocida como Fiesta de los Tabernáculos o Fiesta de las Cabañas.

"Al terminar la vendimia y la cosecha del trigo, celebrarás durante siete días la fiesta de las Enramadas. Te alegrarás en la fiesta junto con tus hijos y tus hijas, tus esclavos y tus esclavas, y los levitas, extranjeros, huérfanos y viudas que vivan en tus ciudades. Durante siete días celebrarás esta fiesta en honor al Señor tu Dios, en el lugar que Él elija, pues el Señor tu Dios bendecirá toda tu cosecha y todo el trabajo de tus manos. Y tu alegría será completa" (Dt. 16:13–15).

"A partir del día quince del mes séptimo, luego de que hayan recogido los frutos de la tierra, celebrarán durante siete días la fiesta del Señor. El primer día y el octavo serán de descanso especial. El primer día tomarán frutos de los mejores árboles, ramas de palmera, de árboles frondosos y de sauces de los arroyos, y durante siete días se regocijarán en presencia del Señor su Dios. Cada año, durante siete días, celebrarán esta fiesta en honor al Señor. La celebrarán en el mes séptimo. Este será un estatuto perpetuo para las generaciones venideras. Durante siete días vivirán bajo enramadas. Todos los israelitas nativos vivirán bajo enramadas, para que sus descendientes sepan que yo hice vivir así a los israelitas cuando los saqué de Egipto. Yo soy el Señor su Dios" (Lv. 23:39–43).

a. ¿En qué momento del año debía celebrase esta fiesta?
¿Qué acontecimiento agrícola ocurría?

b. ¿Quiénes debían celebrar la fiesta?

c. ¿Por cuántos días debía extenderse la celebración?

d. ¿Cómo debían celebrar?

e. ¿Por qué debían celebrar?

La Fiesta de los Tabernáculos era un festejo de una semana de duración, en la que los israelitas degustaban los frutos de la cosecha y disfrutaban de un tiempo de camaradería entre ellos. ¡La orden era estar alegres! Vivirían ese tiempo en tiendas o tabernáculos para recordar la travesía desde la esclavitud en Egipto hasta la libertad en la Tierra Prometida. Uno de los propósitos expresos de la festividad era que los niños debían comprender y alegrarse por la historia de la redención.

La liberación de los Israelitas de Egipto presagiaba la redención que habría de venir en Cristo. Así como los israelitas eran esclavos de los egipcios, nosotros somos esclavos del pecado, que necesitamos rescate. Jesús vivió una vida perfecta y sufrió una muerte injusta para comprar la redención de todos los que creyeran en su nombre. Él rompe nuestras cadenas y nos guía a la libertad.

Mientras que los israelitas volvían la mirada hacia una redención en la Tierra Prometida, nosotros miramos hacia la redención total en la Nueva Jerusalén, profetizada en Apocalipsis 21:1–4:

"Después vi un cielo nuevo y una tierra nueva, porque el primer cielo y la primera tierra habían dejado de existir, lo mismo que el mar. Vi además la ciudad santa, la nueva Jerusalén, que bajaba del cielo, procedente de Dios, preparada como una novia hermosamente vestida para su prometido. Oí una potente voz que provenía del trono y decía: '¡Aquí, entre los seres humanos, está la morada de Dios! Él acampará en medio de ellos, y ellos serán su pueblo; Dios mismo estará con ellos y será su Dios. Él les enjugará toda lágrima de los ojos. Ya no habrá muerte, ni llanto, ni lamento ni dolor, porque las primeras cosas han dejado de existir'".

Esperamos la verdadera Fiesta de los Tabernáculos en la Nueva Jerusalén, donde el Señor morará con su pueblo. A los israelitas se les ordenó que se regocijaran en su redención terrenal. ¡Cuánto más nos regocijaremos nosotros en nuestra salvación eterna!

Dios quiere que nuestro deleite más grande sea estar en Él, y en la obra que Él ha hecho para nosotros. También quiere que disfrutemos de la bendición de sentirlo a Él en comunión con otros.

2. Subraye en cada uno de los siguientes versículos las frases que hablen del gozo que se encuentra a través de la relación con otros creyentes.

a. **Filemón 1:7**

"Hermano, tu amor me ha alegrado y animado mucho porque has reconfortado el corazón de los santos".

b. **2 Corintios 7:4–7**

"Les tengo mucha confianza y me siento muy orgulloso de ustedes. Estoy muy animado; en medio de todas nuestras aflicciones se desborda mi alegría. Cuando llegamos a Macedonia, nuestro cuerpo no tuvo ningún descanso, sino que nos vimos acosados por todas partes; conflictos por fuera, temores por dentro. Pero Dios, que consuela a los abatidos, nos consoló con la llegada de Tito, y no solo con su llegada sino también con el consuelo que él había recibido de ustedes. Él nos habló del anhelo, de la profunda tristeza y de la honda preocupación que ustedes tienen por mí, lo cual me llenó de alegría".

c. 3 Juan 1:3

"Me alegré mucho cuando vinieron unos hermanos y dieron testimonio de tu fidelidad, y de cómo estás poniendo en práctica la verdad".

3. ¿Cómo ha experimentado usted la alegría y consuelo que brinda la camaradería con otros creyentes?

4. ¿En qué se diferencia la alegría que encontramos en Dios y su salvación con la camaradería que es diferente a la felicidad mundana?

Dios se deleita y se regocija en nosotros. El compró nuestra redención en la cruz para tener una relación total con nosotros, para que podamos experimentar la bendición de una verdadera comunión dentro de la Iglesia. Al igual que los israelitas, que deambulaban esperando encontrar la Tierra Prometida, nosotros estamos en una travesía, esperando encontrar nuestro verdadero hogar. Vivimos en una etapa de "casi, pero no todavía". Ya estamos totalmente redimidos, pero estamos esperando por la ejecución total de la redención. Vivimos vidas rotas en un mundo roto. Nuestros hijos se caen y se lastiman. Nuestros matrimonios luchan contra la ira y la desilusión. El cáncer golpea. El acoso lastima. Los trabajos se pierden.

Sentir felicidad en todas las cosas comienza con entender que no tendremos todo lo que queremos en nuestro viaje terrenal. Así como una tienda no puede contener todas las comodidades de un hogar, este mundo no puede proveernos de todo lo que anhelamos. Al soltar nuestras expectativas y volver nuestros ojos hacia Cristo, encontramos esperanza y gozo para el viaje. Un ministro puritano del siglo XVII llamado Matthew Mead, decía: "No importa cuánto disfrutemos del mundo: riqueza, honores, placeres, hijos, salud y belleza; debemos dejar que nuestro gozo esté en Dios".[10]

Concluya el estudio de hoy en oración, buscando el gozo del Señor.

Ore para que en el transcurso de la vida su familia avance junta, mirando a Jesús, anhelando llegar al hogar.

Día 3

Nunca le pediríamos a un bebé de seis meses que camine, ni esperaríamos que un niño de seis años realice un ejercicio de algebra. Los padres sabios enmarcan sus expectativas sobre sus hijos considerando cuidadosamente su edad, desarrollo y temperamento.

Así también Dios, el Padre perfectamente sabio, nos da órdenes que somos capaces de obedecer por el poder del Espíritu Santo. Hoy, al explorar los mandatos bíblicos para tener una vida de gozo, debemos saber que Él nunca requerirá algo de nosotros sin antes prepararnos y capacitarnos para llevarlo a cabo.

1. Subraye los mandatos que se nos dan en cada uno de los siguientes versículos. Subraye dos veces las frases que indiquen cómo, cuándo y por qué debemos obedecer (cuando esté especificado).

   a. **Romanos 12:12**

   "Alégrense en la esperanza, muestren paciencia en el sufrimiento, perseveren en la oración".

   b. **1 Tesalonicenses 5:16–18**

   "Estén siempre alegres, oren sin cesar, den gracias a Dios en toda situación, porque esta es su voluntad para ustedes en Cristo Jesús".

   c. **Salmo 100:2**

   "Adoren al Señor con regocijo. Preséntense ante Él con cánticos de júbilo".

   d. **Filipenses 4:4**

   "Alégrense siempre en el Señor. Insisto: ¡Alégrense!".

Así como Dios les ordenó a los israelitas que celebraran la Fiesta de los Tabernáculos, Él nos ordena que nos alegremos. No debemos esperar hasta experimentar un sentimiento de felicidad para dar gracias. Se nos dice que debemos agradecer, independientemente de nuestras emociones, circunstancias o personalidad. *Siempre debemos estar alegres. Debemos dar gracias en toda circunstancia.* Estas palabras fueron escritas por un hombre cuyas prédicas a menudo fueron enfrentadas con ira, insultos, golpizas y prisión. Pablo sufrió mucho por el evangelio. Pero sobreabundaba en alegría.

En una carta a los corintios, Pablo habló de las diferencias que existían entre nuestras aparentes pruebas y nuestras realidades internas. Él se describía a sí mismo como "aparentemente triste, pero siempre alegre; pobre en apariencia, pero enriqueciendo a muchos; como si no tuviéramos nada, pero poseyéndolo todo" (2 Co. 6:10).

La verdadera alegría no descarta al verdadero sufrimiento, sino que brilla más fuertemente en medio de él. Cuando nuestras circunstancias visibles son difíciles y dolorosas, todavía podemos encontrar alegría en las promesas de Dios.

2. Lea los siguientes pasajes:

"Aunque la higuera no dé renuevos, ni haya frutos en las vides; aunque falle la cosecha del olivo, y los campos no produzcan alimentos; aunque en el aprisco no haya ovejas, ni ganado alguno en los establos; aun así, yo me regocijaré en el Señor, ¡me alegraré en Dios, mi libertador! El Señor omnipotente es mi fuerza; da a mis pies la ligereza de una gacela y me hace caminar por las alturas" (**Hab. 3:17–19**).

"Hermanos míos, considérense muy dichosos cuando tengan que enfrentarse con diversas pruebas, pues ya saben que la prueba de su fe produce constancia. Y la constancia debe llevar a feliz término la obra, para que sean perfectos e íntegros, sin que les falte nada" (**Stg. 1:2–4**).

"Al contrario, alégrense de tener parte en los sufrimientos de Cristo, para que también sea inmensa su alegría cuando se revele la gloria de Cristo" (**1 P. 4:13**).

a. En estos versículos, ¿cuáles son las respuestas que se les dan a las pruebas o circunstancias difíciles?

b. ¿Qué ha aprendido de estas respuestas?

¿Qué luchas le impiden sentirse alegre? Yo, personalmente, puedo perder mi alegría por las cosas más insignificantes. Una leche derramada, el tráfico, los cuartos desordenados y la falta de sueño pueden inundar mi corazón y exteriorizarse como quejas y refunfuños. Otras pruebas más significativas, como las enfermedades prolongadas, las discusiones maritales, los comentarios hirientes de algún amigo, las injusticias o los hijos desobedientes, pueden robarnos la alegría y llenarnos de ira, frustración y resentimiento.

¿Cómo podemos elegir estar contentos a pesar de todas estas desilusiones y distracciones? Confiando en Aquél que planifica nuestras vidas. En todo momento, Dios nos mira con un amor y un cuidado paternales, prometiéndonos que lo hará todo para nuestro bien. Él sabe hasta cuántos cabellos tenemos en nuestras cabezas.

Creer que nada puede pasarnos fuera del plan del Señor nos permite mirar los hechos de cada día como las asignaciones que Dios nos da, lo que nos permite verlas bajo una nueva luz. Las dificultades diarias de la crianza: los niños enfermos, el vómito en la alfombra, estar ocupadas en múltiples actividades, una casa desordenada, un neumático desinflado y los berrinches en el supermercado; se convierten en oportunidades para confiar nuestras vidas a Dios. El acto de confiar en Dios en estos momentos libera nuestras almas para que encontremos el gozo.

Lea nuevamente Habacuc 3:17–19, que ya hemos visto en la pregunta 2. Identifique algunos de los "aunque" que le hayan dificultado la vida hoy. He aquí algunos ejemplos:

• Aunque mi hijo adolescente haya sido irrespetuoso hoy...

• Aunque alguien que amo esté enfermo...

• Aunque mi bebé se despierte muchas veces durante la noche...

- Aunque me sienta sola…
- Aunque mi esposo y yo lidiemos en nuestro matrimonio…
- Aunque mis hijos peleen entre sí…

Escriba sus situaciones "aunque" en el espacio que sigue, y después léalas en voz alta, siguiendo cada una de ellos con el compromiso "yo me regocijaré" de los versículos 18–19. Alabe al Señor hoy, en medio de las dificultades que está enfrentando. Pídale que le permita experimentar nuevas alturas de su gozo.

Día 4

Hasta ahora, a lo largo de la semana, hemos visto tres fuentes diferentes de alegría: Dios, su salvación y la camaradería con otros creyentes. Hoy vamos a aplicar lo que hemos aprendido a nuestras propias vidas y a nuestras familias.

John James exhortaba a las madres jóvenes: "Sean felices, y harán a sus hijos felices de estar con usted".[11] Al encontrar satisfacción en Jesús, reflejaremos cada vez más gozo en nuestros hijos. Inicie el estudio de hoy en oración, pidiéndole a Dios que la dirija y la guíe para alimentar el gozo en su hogar.

1. Aunque nos podemos deleitar y disfrutar de nuestros hijos, ¿por qué es importante que nuestra alegría esté anclada principalmente en Dios? ¿Qué puede ocurrir si en un hogar la alegría de una madre está enraizada en el éxito y la felicidad de sus hijos?

2. ¿Cuál diría usted que es la diferencia entre felicidad y alegría?

3. Cuando piensa en la forma en que usted usa su tiempo, dinero y recursos, ¿de qué maneras se siente usted tentada a hallar felicidad y plenitud lejos de Dios? ¿Ha visto usted que estas actividades le proporcionan satisfacción temporal, en vez de gozo duradero?

4. Lea **Filipenses 2:14-18.**

"Háganlo todo sin quejas ni contiendas, para que sean intachables y puros, hijos de Dios sin culpa en medio de una generación torcida y depravada. En ella ustedes brillan como estrellas en el firmamento, manteniendo en alto la palabra de vida. Así en el día de Cristo me sentiré satisfecho de no haber corrido ni trabajado en vano. Y aunque mi vida fuera derramada sobre el sacrificio y servicio que proceden de su fe, me alegro y comparto con todos ustedes mi alegría. Así también ustedes, alégrense y compartan su alegría conmigo".

a. ¿Contra qué nos advierte Pablo en este pasaje?

b. ¿En qué momentos del día está usted más tentada a quejarse y discutir? ¿Cómo afecta esto su capacidad para estar feliz y regocijada?

c. ¿De qué manera el gozo en medio del sufrimiento nos hace "brillar como estrellas" frente a aquellos que observan nuestras vidas? ¿Por qué cree usted que Pablo escogió esta imagen?

5. Filipenses 4:8 nos alienta: "Por último, hermanos, consideren bien todo lo verdadero, todo lo respetable, todo lo justo, todo lo puro, todo lo amable, todo lo digno de admiración, en fin, todo lo que sea excelente o merezca elogio". ¿De qué manera obedecer esta instrucción nos puede conducir a una vida más alegre?

6. ¿De qué maneras ha visto usted que el acto de agradecer lo lleva a experimentar alegría?

7. ¿De qué maneras su familia está haciendo un buen trabajo expresando su gratitud? ¿Puede usted apartar un tiempo, ya sea diario o semanal, específicamente para dar gracias a Dios por sus bondades y bendiciones?

8. ¿De qué manera podemos enseñar agradecimiento a nuestros hijos e incorporar la gratitud en nuestra vida diaria?

Un niño que se recibe con un abrazo acogedor, una sonrisa de deleite y un hogar lleno de risas, está bendecido más allá de toda medida. Un hogar alegre crea un ambiente de bienvenida que atrae a otros.

Crear un hogar agradecido es el primer paso en crear un hogar lleno de alegría. Sin embargo, esto no es fácil. Hay muchos días en los que estoy cansada y agotada. Olvido dar gracias, y mis palabras están salpicadas de quejas y tonos agrios. No reflexionar en mi propia redención del pecado forma una dureza en mi corazón cuando considero los esfuerzos y faltas de mis hijos. En lugar de desbordarme en acción de gracias, me siento tentada a explotar de la frustración.

Ann Voskamp nos ofrece esta máxima para cuando luchamos con la alegría:

"Sé muy bien que después de un día repleto de alboroto y lleno de disputas, puedo sentirme decepcionada, y que la desesperanza puede anegarme, pero *dar gracias* es una acción y *regocijarse* es un verbo, no son solo emociones latentes. Aunque no siempre estoy alegre, Dios me pide que dé gracias por todas las cosas, porque Él sabe que el sentimiento de alegría empieza en el agradecimiento".[12]

La solución para mi falta de alegría es no tener control sobre mis circunstancias. La solución involucra a Dios obrando en mi corazón. Hebreos nos instruye: "Así que ofrezcamos continuamente a Dios, por medio de Jesucristo, un sacrificio de alabanza, es decir, el fruto de los labios que confiesan su nombre" (Heb. 13:15).

Antes de terminar el estudio de hoy en oración, enumere diez bendiciones específicas por las que usted está agradecida. Más tarde, a la hora de cenar o antes de ir a dormir, pida a sus hijos que enumeren diez cosas por las que están agradecidos. Usted puede registrar sus respuestas, ya sea por escrito en un diario semanal o en video. Agradecerá durante muchos años el hecho de poder mirar atrás y ver sus respuestas.

Día 5: Caminemos juntas como madres

"Sin embargo, no se alegren de que puedan someter a los espíritus, sino alégrense de que sus nombres están escritos en el cielo".
—Lucas 10:20

Hace unas semanas, cuando mi hija de diez años se subió al automóvil al salir de la escuela, le pregunté, entusiasmada: "¿Obtuviste el papel?". Ella había estado haciendo audiciones para un papel en el programa navideño de la escuela, y después de muchos días de espera, ella pensaba que este sería el día en que sabría los resultados.

Sin embargo, en ese momento me respondió: "¡No sabemos todavía!".

Yo sabía que la espera era dura, así que le pregunté cómo se sentía mientras esperaba por la respuesta.

Me miró y dijo: "Bueno, el pastor Tom lo dijo el domingo: '¡Independientemente de lo que pase, igual iré al cielo!'".

El sermón ese día en la iglesia había versado sobre la alegría que podemos experimentar aquí, aún en medio de esperas y desilusiones, porque sabemos que nuestro verdadero hogar está en el cielo. Me sentía agradecida de que ella hubiera tenido la capacidad de aplicar la verdad del mensaje a su propia situación. Pensar correctamente y considerar las verdades de Dios la ayudaron a encontrar gozo y paz en medio de la espera.

Un autor puritano, Richard Baxter, expresó pensamientos similares:

"¡Ojalá que los cristianos aprendiéramos a vivir con un ojo puesto en Cristo crucificado y el otro en su glorioso regreso! Si nuestros pensamientos estuvieran más ocupados por el gozo eterno, las alegrías espirituales abundarían más en nuestros corazones. No es extraño que nos inquietemos cuando el cielo es olvidado. Cuando los cristianos disminuyen sus expectativas celestiales pero aumentan sus deseos terrenales, se están preparando para el miedo y la tribulación. ¿Quién se ha encontrado con un alma afligida y quejumbrosa en la que no haya una baja expectativa de bendiciones celestiales o una esperanza muy grande de alegría en la tierra? Lo que nos mantiene atribulados es que no esperamos lo que Dios nos ha prometido, o que esperamos lo que Dios no nos prometió".[13]

Lo que pensamos de cada día afecta en gran medida nuestra alegría y nuestro gozo. Mirar continuamente a la cruz del pasado y al cielo del futuro es nuestra más grande esperanza de tener alegría en el presente. Cuando recordamos todo lo que Cristo ha hecho por nosotros, ¿cómo podemos dudar de su bondad? Si dio su vida en la cruz, entonces Él, seguramente, será lo suficientemente fiel para proveer todo lo que necesitamos para la vida y la santidad (Ro. 8:32; 2 P. 1:3)

Cuando esperamos el cielo con ansias, nos damos cuenta de que esta experiencia actual es solo un viaje a nuestro verdadero hogar. Jesús advirtió a sus discípulos que sus viajes estarían llenos de problemas, pero prometió que en Él, tendrían paz (Jn. 16:33). Así como el deleite que sienten nuestros hijos al abrir sus regalos la mañana de Navidad disminuye al llegar la tarde, los tesoros de este mundo solo proporcionan felicidad provisional. Jesús nos señala la fuente eterna (Él mismo) y un hogar eterno (el cielo) como los lugares en los cuales debemos buscar plenitud duradera.

El gozo proviene de un lugar más seguro que aquel donde tienen lugar situaciones felices. De hecho, el verdadero gozo brilla más intensamente cuando las circunstancias empeoran.

Todos los días nuestros hijos ven nuestro ejemplo. ¿Cómo respondemos a los altibajos de la vida? ¿Nuestros hogares se caracterizan por los refunfuños y las quejas, o por el agradecimiento y la alegría? Cuanto más busquemos el gozo del Señor, más podremos ayudar a nuestros hijos a hacer lo mismo

En el Antiguo Testamento, el profeta Samuel erigió una piedra conmemorativa y la nombró Ebenezer, que significa: "Hasta aquí nos ayudó Jehová" (1 S. 7:12, rvr1960). Una forma de incrementar la alegría en nuestros hogares es encontrar maneras de recordar y meditar en los ejemplos de la bondad de Dios para con nosotros. Puede ser el simple acto de orar antes de la comida. Puede ser hacer que cada miembro de la familia comparta una bendición del día. Cultivamos la alegría dando gracias.

En caso de que se lo estuviera preguntando, mi hija consiguió el papel anhelado por ella en la obra de la escuela. No podría haber estado más entusiasmada. Sin embargo, para mí, el regalo más grande fue ver su joven corazón empezar a creer que la esperanza del cielo es mucho mejor que cualquier papel terrenal que le pidan hacer. Comparto los sentimientos del apóstol Juan: "Nada me produce más alegría que oír que mis hijos practican la verdad" (3 Jn. 1:4).

Termine el estudio de esta semana dando gracias y orando para que la alegría se derrame sobre su hogar, permitiéndole a su familia brillar como estrellas en el universo y bendecir a otros con luz para la travesía.

❦ Semana 7 ❦

Combata la ansiedad y la preocupación

Camine en paz

Día 1

Desde el momento en que descubrí que estaba embarazada, comencé a experimentar un inmenso amor por esa pequeña vida que crecía en mi vientre. Cada vez que iba a ver a la doctora, esperaba con ansias escuchar el latido del corazón de mi bebé. Oír ese rápido *bum-bum, bum-bum, bum-bum* me llenaba de alivio y agradecimiento. Sin embargo, a medida que pasaban los meses, surgían nuevas preocupaciones, como las hierbas que crecen en mi jardín. *¿Consumí sin saber algún queso suave no pasteurizado? ¿Estoy ingiriendo suficiente ácido fólico? ¿Ese dolor extraño que tengo en el costado significa que algo está mal?*

Aunque ahora puedo mirar mis primeras preocupaciones con un poco de objetividad y una sonrisa, creo que es igual de fácil inquietarme por nuevos retos y problemas. Las decisiones que tienen que ver con la elección de los colegios, la hora de llegar a casa, las amistades, la disciplina y las oportunidades deportivas pueden ocupar mis pensamientos y llenar mi corazón de inquietud. Tal vez las circunstancias cambiaron, pero la raíz de mi problema sigue siendo la misma.

¿Ha luchado usted con incertidumbres similares en su rol de madre? Afortunadamente, el Señor entiende nuestra tendencia natural hacia la ansiedad y la preocupación. Él nos invita a llevarle nuestras preocupaciones para que nuestros hogares no se conviertan en lugares llenos de desasosiego y temor. Aferrarnos de las promesas de Dios nos libera de nuestra tendencia a preocuparnos por cada decisión, desde la fórmula que debemos escoger, hasta el colegio al cual debemos enviarlos.

Confiar en Cristo ancla nuestras almas a la paz en medio de las tormentas turbulentas de la vida. Mientras que los pensamientos ansiosos nos dejan exhaustos y gastados, la dependencia diaria de Dios nos ofrece alivio y renueva nuestras fuerzas.

Hoy veremos a Dios como nuestra fuente de paz en un mundo lleno de problemas.

1. Lea los siguientes versículos y subraye la fuente de paz que identifique en cada uno de ellos.

a. Salmo 29:11

"El Señor fortalece a su pueblo; el Señor bendice a su pueblo con la paz".

b. Romanos 15:13

"Que el Dios de la esperanza los llene de toda alegría y paz a ustedes que creen en Él, para que rebosen de esperanza por el poder del Espíritu Santo".

2. ¿De qué maneras tendemos a buscar la paz cuando somos madres?

La paz es una bendición de Dios. Cuanto más confiamos en Él, más nos llena de esperanza. No obstante, a menudo buscamos paz y alivio en un hogar bellamente organizado, haciendo feliz a todo el mundo, enviando a nuestros hijos a las mejores escuelas, o tomando unas divertidas vacaciones. Estas actividades nos pueden dar una sensación de seguridad, pero si estamos separados del Señor, nunca nos podrán brindar paz verdadera.

3. En lo primero que necesitamos tener paz, es en nuestra relación con Dios. Mientras lee los siguientes versículos, subraye o marque con un círculo las frases que expliquen cómo y por qué la paz está disponible para nosotros.

a. Isaías 53:5

"Él fue traspasado por nuestras rebeliones, y molido por nuestras iniquidades; sobre Él recayó el castigo, precio de nuestra paz, y gracias a sus heridas fuimos sanados".

b. Romanos 5:1, 6–10

"En consecuencia, ya que hemos sido justificados mediante la fe, tenemos paz con Dios por medio de nuestro Señor Jesucristo. [...] A la verdad, como éramos incapaces de salvarnos, en el tiempo señalado Cristo murió por los malvados. Difícilmente habrá quien muera por un justo, aunque tal vez haya quien se atreva a morir por una persona buena. Pero Dios demuestra su amor por nosotros en esto: en que cuando todavía éramos pecadores, Cristo murió por nosotros. Y ahora que hemos sido justificados por su sangre, ¡con cuánta más razón, por medio de Él, seremos salvados del castigo de Dios! Porque si, cuando éramos enemigos de Dios, fuimos reconciliados con Él mediante la muerte de su Hijo, ¡con cuánta más razón, habiendo sido reconciliados, seremos salvados por su vida!".

c. Efesios 2:14–18

"Porque Cristo es nuestra paz: de los dos pueblos ha hecho uno solo, derribando mediante su sacrificio el muro de enemistad que nos separaba, pues anuló la ley con sus mandamientos y requisitos. Esto lo hizo para crear en sí mismo de los dos pueblos una nueva humanidad al hacer la paz, para reconciliar con Dios a ambos en un solo cuerpo mediante la cruz, por la que dio muerte a la enemistad. Él vino y proclamó paz a ustedes que estaban lejos y paz a los que estaban cerca. Pues por medio de Él tenemos acceso al Padre por un mismo Espíritu".

Una vez fuimos enemigos de Dios, seres hostiles a su deidad e incapaces de salvarnos a nosotros mismos. Pero en Cristo fue destruida esa pared divisoria de hostilidad. Ya no estamos en guerra con Dios; nos reconciliamos con Él cuando creemos en su Hijo. Al tener paz con Dios, tenemos acceso a Él como nuestro Padre.

Saber que Dios está mirando todos los detalles de nuestra vida nos permite confiarle a Él todos esos detalles.

4. Jesús quería que sus seguidores experimentaran paz permanente. Lea los siguientes versículos, y note lo que Jesús les prometió a sus discípulos:

"La paz les dejo; mi paz les doy. Yo no se la doy a ustedes como la da el mundo. No se angustien ni se acobarden" (**Jn. 14:27**).

"Yo les he dicho estas cosas para que en mí hallen paz. En este mundo afrontarán aflicciones, pero ¡anímense! Yo he vencido al mundo" (**Jn. 16:33**).

a. ¿En que difiere la paz de Jesús de las circunstancias tranquilas o placenteras? ¿En que difiere esta paz de lo que el mundo nos ofrece?

b. ¿Qué nos enseñó Jesús sobre la realidad de los problemas de este mundo?

c. ¿Cómo nos alienta Jesús en los momentos en que atravesamos problemas?

d. ¿Qué preocupación específica hay en su corazón el día de hoy? ¿De qué manera la ayudan estos versículos?

Aunque es tentador buscar paz y seguridad en el descanso, el alimento, el entretenimiento o cualquier otra actividad, las Escrituras dejan claro que la paz comienza en nuestra relación con Dios. Jesús no promete que nuestra vida será fácil o que la crianza de sus hijos será sencilla. De hecho, ¡nos dice exactamente lo contrario! Pero a pesar de eso, no debemos permitir que la ansiedad y la preocupación aniden en nuestros corazones.

Sin importar el dilema que enfrente hoy como madre, el gozo, la paz, y la esperanza están disponibles para usted a través de su Espíritu. Vaya a Él hoy, confiando en su provisión y ore las palabras de Romanos 15:13: "Que el Dios de la esperanza los llene de toda alegría y paz a ustedes que creen en Él, para que rebosen de esperanza por el poder del Espíritu Santo".

Día 2

Un día, mi hija se me acercó con lágrimas en los ojos. Cuando le pregunté qué había pasado, me confesó que unas semanas antes había hecho trampa en un examen en el colegio. Aunque nadie sabía lo que ella había hecho, la culpa la estaba comiendo por dentro.

Ayer hablamos de cómo las circunstancias de la vida que están fuera de nuestro control nos pueden robar la paz si no se las confiamos al Señor. Hoy estudiaremos los efectos el pecado en nuestra paz.

En el libro de Isaías, el Señor declara: "No hay paz para el malvado, dice el Señor" (Is. 48:22). Cuando hacemos lo contrario de lo que dice la Palabra de Dios, nuestras vidas se llenan cada vez más de caos y estrés. Así como el pecado oculto de hacer trampa le ocasionó preocupación y ansiedad a mi hija, la desobediencia puede robarle la paz a nuestras almas.

En contraste, Isaías nos dice: "Los que van por el camino recto mueren en paz; hallan reposo en su lecho de muerte" (Is. 57:2). Es decir, la obediencia a Dios cultiva un corazón en paz.

Abra su tiempo de estudio de hoy con una oración, pidiéndole a Dios que le dé sabiduría y comprensión mientras estudia su Palabra.

1. Lea **Romanos 8:5-9.**

   "Los que viven conforme a la naturaleza pecaminosa fijan la mente en los deseos de tal naturaleza; en cambio, los que viven conforme al Espíritu fijan la mente en los deseos del Espíritu. La mentalidad pecaminosa es muerte, mientras que la mentalidad que proviene del Espíritu es vida y paz. La mentalidad pecaminosa es enemiga de Dios, pues no se somete a la ley de Dios, ni es capaz de hacerlo. Los que viven según la naturaleza pecaminosa no pueden agradar a Dios. Sin embargo, ustedes no viven según la naturaleza pecaminosa sino según el Espíritu, si es que el Espíritu de Dios vive en ustedes".

   a. Enumere las diferencias que encuentra en estos versículos entre quienes viven de acuerdo a su naturaleza pecaminosa y quienes viven por el Espíritu.

En su naturaleza pecaminosa   Por el Espíritu

b. ¿Qué esperanza se nos da en el versículo 19?

Incluso después de creer en Jesús por fe, seguimos luchando para obedecer a Dios. Hay una guerra entre nuestra carne y el Espíritu de Cristo que vive en nuestros corazones. Cuando caminamos en el Espíritu, experimentamos vida y paz. El camino de desobediencia, por el contrario, puede parecer placentero superficialmente, pero nos trae dolorosas consecuencias. Ciertos pecados en particular generan discordias en nuestra vida.

2. Lea los siguientes extractos, y considere los efectos que tienen estos pecados en nuestra paz.

"Vengan, hijos míos, y escúchenme, que voy a enseñarles el temor del Señor. El que quiera amar la vida y gozar de días felices, que refrene su lengua de hablar el mal y sus labios de proferir engaños; que se aparte del mal y haga el bien; que busque la paz y la siga" (**Sal. 34:11–14**).

"El de corazón perverso jamás prospera; el de lengua engañosa caerá en desgracia" (**Pr. 17:20**)

a. ¿Cuáles son los usos negativos de la lengua que se mencionan en estos versículos? ¿De qué se nos advierte en Proverbios 17:20?

b. ¿Cuáles son las instrucciones positivas que nos da el Salmo 34?

c. ¿De qué maneras ha visto usted a la lengua causar daño? Relate alguna ocasión en la que sufrió por las mentiras de alguien o enfrentó las consecuencias de ser descubierto en la suya?

d. ¿De qué manera el dolor agudo de ser calumniado por alguien o la culpa de divulgar chismes afecta nuestra paz?

e. ¿Por qué el uso correcto de nuestras palabras promueve la paz en nuestros hogares?

Cuando nuestros hijos se quejan, chismean o mienten, es fácil darse cuenta cómo estos comportamientos socavan la paz de nuestros hogares. Cuando somos adultos, nuestras palabras tienen un efecto aún mayor. Si nuestros hijos nos escuchan chismeando, quejándonos a menudo, o mintiendo ocasionalmente, seguirán nuestro ejemplo sobre cómo se debe hablar y qué se debe decir. El habla sincera, las palabras de aliento y las alabanzas de gratitud ayudan a construir la paz en el hogar.

3. Lea los siguientes versículos y responda las preguntas:

"El corazón tranquilo da vida al cuerpo, pero la envidia corroe los huesos" (**Pr. 14:30**).

"¿Quién es sabio y entendido entre ustedes? Que lo demuestre con su buena conducta, mediante obras hechas con la humildad que le da su sabiduría. Pero si ustedes tienen envidias amargas y rivalidades en el corazón, dejen de presumir y de faltar a la verdad. Esa no es la sabiduría que desciende del cielo, sino que es terrenal, puramente humana y diabólica. Porque donde hay envidias y rivalidades, también hay confusión y toda clase de acciones malvadas. En cambio, la sabiduría que desciende del cielo es ante todo pura, y además pacífica, bondadosa, dócil, llena de compasión y de buenos frutos, imparcial y sincera" (**Stg. 3:13–17**).

a. ¿Cuáles son los efectos de la envidia y la ambición egoísta?

b. ¿De qué manera la envidia nos lleva a sentir inquietud y nos roba la paz?

c. ¿En qué aspectos de su vida se encuentra luchando contra la envidia? ¿De qué manera esto genera ansiedad o estrés en su hogar?

Cuando envidiamos a alguien, nuestro corazón se llena de descontento y nos atormenta. Cuando nos concentramos en las bendiciones de otros, perdemos la oportunidad de disfrutar de las nuestras. Afortunadamente, el Señor no nos abandona en nuestro pecado. Como nuestro padre amoroso que es, nos disciplina, llamándonos a evitar las dolorosas consecuencias de la desobediencia para disfrutar de la paz que se halla al alinear nuestros corazones con su voluntad.

4. Lea **Hebreos 12:10–11**.

"En efecto, nuestros padres nos disciplinaban por un breve tiempo, como mejor les parecía; pero Dios lo hace para nuestro bien, a fin de que participemos de su santidad. Ciertamente, ninguna disciplina, en el momento de recibirla, parece agradable, sino más bien penosa; sin embargo, después produce una cosecha de justicia y paz para quienes han sido entrenados por ella".

a. ¿Qué aprendemos en este pasaje sobre la disciplina del Señor?

b. ¿Qué efectos tiene esta disciplina?

La paz no se encuentra escapándose a una cabaña en la montaña o a una playa lejana. Ni tampoco se encuentra haciendo lo que nos place o recibiendo la aprobación de los demás. El Salmo 119:165 nos dice: "Los que aman tu ley disfrutan de gran bienestar, y nada los hace tropezar". Así como un tren se desliza suavemente cuando sigue una ruta predeterminada, disfrutamos de una vida en paz cuando seguimos la sabiduría de los caminos de Dios. Una mujer que busca a Dios, que ama su Palabra, y que acepta su provisión con gratitud, brindará a sus hijos la bendición de un hogar en paz.

Finalice su tiempo de oración reflexionando en los aspectos en los cuales tiene problemas para obedecer a Dios. Puede que la envidia le esté robando la paz, que su lengua la esté metiendo en problemas o que se esté dejando llevar por la ansiedad y la preocupación. Pase un poco de tiempo confesando, pidiéndole a Dios que la ponga en el sendero de la obediencia pacífica. Recréese en la promesa: "Si confesamos nuestros pecados, Dios, que es fiel y justo, nos los perdonará y nos limpiará de toda maldad" (1 Jn. 1:9). Podemos estar completamente seguras de que, cualquiera que sea nuestra lucha el día de hoy, su gracia es suficiente para perdonar nuestros pecados y librarnos del poder que tienen en nuestras vidas. ¡Sublime gracia del Señor!

Día 3

El verano anterior al último año de universidad de mi esposo, él participó en obras misioneras en lugares remotos de Kenia. Su equipo viajó a varias poblaciones, predicando el evangelio y trabajando en proyectos para la construcción de iglesias. Su equipo vivía en tiendas, se bañaban en ríos infectados de cocodrilos y tenían que hacer sus necesidades corporales en el exterior.

En el transcurso del verano, Mike y Alfred, su intérprete keniano, se hicieron amigos al pasar muchos momentos juntos compartiendo las buenas nuevas de Jesús. Un día viajaron a un pueblo cercano a predicar. Cuando regresaban al campamento esa tarde y Mike se volteó para despedirse de Alfred, este lo miró con seriedad y le dijo: "Mike, ¿podrías orar para que el Señor me provea la cena esta noche?".

Sería difícil para la mayoría de nosotros imaginarnos lo que es no tener idea de dónde sacaremos nuestra próxima comida. Normalmente, nuestros problemas con la comida tienen que ver con comer en exceso o con escoger lo que debemos comer de entre una variedad de opciones. Cada vez que escucho a Mike contar la historia de Alfred, la profundidad de su fe me condena. Cuando Alfred habló con Mike, no estaba ansioso ni preocupado; simplemente le pidió a Mike que se uniera a él en oración para pedir por la provisión de su pan diario. Él confiaba en que Dios proveería.

En el Sermón de la montaña, Jesús habló extensamente sobre nuestras preocupaciones diarias. Específicamente, hizo un llamado a sus seguidores para que combatieran la tentación de preocuparse por lo que comerían o beberían, o por lo que vestirían. Hoy estudiaremos ese pasaje en profundidad. Inicie su tiempo de estudio pidiéndole a Dios que le dé oídos para oír y un corazón para obedecer sus mandamientos contra la ansiedad.

1. Lea **Mateo 6:24–34**.

"Nadie puede servir a dos Señores, pues menospreciará a uno y amará al otro, o querrá mucho a uno y despreciará al otro. No se puede servir a la vez a Dios y a las riquezas. Por eso les digo: No se preocupen por su vida, qué comerán o beberán; ni por su cuerpo, cómo se vestirán. ¿No tiene la vida más valor que la comida, y el cuerpo más que la ropa? Fíjense en las aves del cielo: no siembran ni cosechan ni almacenan en graneros; sin embargo, el Padre celestial las alimenta. ¿No valen ustedes mucho más que ellas? ¿Quién de ustedes, por mucho que se preocupe, puede añadir una sola hora al curso de su vida? ¿Y por qué se preocupan por la ropa? Observen cómo crecen los lirios del campo. No trabajan ni hilan; sin embargo, les digo que ni siquiera Salomón, con todo su esplendor, se vestía como uno de ellos. Si así viste Dios a la hierba que hoy está en el campo y mañana es arrojada al horno, ¿no hará mucho más por ustedes, gente de poca fe? Así que no se preocupen diciendo: '¿Qué comeremos?' o '¿Qué beberemos?' o '¿Con qué nos vestiremos?'. Porque los paganos andan tras todas estas cosas, y el Padre celestial sabe que ustedes las necesitan. Más bien, busquen primeramente el Reino de Dios y su justicia, y todas estas cosas les serán añadidas. Por lo tanto, no se angustien por el mañana, el cual tendrá sus propios afanes. Cada día tiene ya sus problemas".

a. ¿Cuáles son las causas de la ansiedad de las que Jesús habló en este pasaje? Enumérelas más abajo.

b. ¿Cuáles fueron las razones que Jesús le dio a su audiencia para no preocuparse por estas cosas?

c. ¿Qué nos pide Él que busquemos? ¿Cuál fue la promesa que Él hizo a quienes buscaban esas cosas?

2. Piense en lo que le preocupa actualmente en relación con su familia o sus hijos. ¿Cuánto tiempo pasa preocupándose por el futuro?

3. ¿Qué revelan sus pensamientos sobre el lugar donde pone su confianza?

4. ¿Cómo podemos saber si confiamos más en el dinero que en Dios? ¿Por qué confiar en el dinero lo convierte en nuestro amo?

Las palabras de Jesús a sus discípulos evidencian la futilidad de nuestra preocupación. Cuando ponemos a funcionar nuestra mente con una preocupación ansiosa, consumimos una valiosa cantidad de tiempo y energías. Preocuparnos no ayuda en nada. Muchas de nuestras preocupaciones jamás se hacen realidad. Pedimos preocupaciones prestadas del futuro, olvidando las palabras de Jesús de que cada día tiene sus propias preocupaciones.

La pobreza de Alfred lo obligó a vivir con una dependencia diaria de Dios. Aunque era pobre en un sentido terrenal, se hizo rico en la fe. Muchos de nosotros, por el contrario, vivimos con relativa abundancia y comodidad en comparación con el resto del mundo. De hecho, existen programas de televisión que se dedican a ayudar a los acumuladores. Pero nuestra riqueza terrenal tiene la tendencia a empobrecer nuestra vida espiritual. Aprendemos a depender de los recursos económicos y el trabajo arduo para proveernos alimentos, bebidas y vestuario, en vez de creer que estas bendiciones diarias provienen de la mano de Dios.

Las preocupaciones de cada mujer son diferentes y tienen consecuencias diferentes sobre su hogar. Tal vez sentimos la tentación de preocuparnos por la seguridad de nuestros hijos, sus amistades, sus hábitos alimenticios y sus objetivos académicos o deportivos. Como madres, es muy fácil justificar nuestras preocupaciones como una demostración de amor. Sin embargo, la ansiedad realmente denota una falta de confianza en el Señor y es una forma de independencia soberbia. Tómese unos minutos para pensar cuidadosamente y responder las siguientes preguntas personales.

5. ¿Cómo suele reaccionar cuándo se siente ansiosa o preocupada?

6. ¿De qué manera su ansiedad ha afectado a su familia?

7. ¿Cuáles aspectos de su familia o de la vida de sus hijos le producen una ansiedad particular?

8. ¿Cuáles son algunas formas saludables de reaccionar ante la ansiedad? ¿Cuáles no?

9. ¿Diría usted que su hogar está lleno de paz? ¿Por qué?

10. ¿Qué cosas puede hacer esta semana para reducir el estrés e incrementar la paz en su hogar?

Termine hoy su tiempo de estudio reflexionando en el Salmo 139:23–24: "Examíname, oh Dios, y sondea mi corazón; ponme a prueba y sondea mis pensamientos. Fíjate si voy por mal camino, y guíame por el camino eterno". Convierta este versículo en su oración de hoy. Entregue sus pesares al Señor, pidiéndole que la libere de la ansiedad y la llene de su paz.

Día 4

Cuando reflexionamos en los pensamientos que nos llenan de ansiedad cuando somos madres, enfrentamos un dilema. Es correcto que nos sintamos responsables por el bienestar de nuestros hijos, pero, ¿cómo podemos protegerlos y cuidarlos fielmente y a la vez confiárselos plenamente al Señor?

Hoy vamos a reflexionar en cómo volvernos hacia Dios con los temores que acompañan naturalmente a la crianza de los hijos. Veremos algunas recomendaciones prácticas para liberar nuestras mentes de la ansiedad y desarrollar confianza en el Señor. Nuestro deseo es que nuestros hijos nos observen confiarle nuestras necesidades diarias al Señor, ya que así también ellos pondrán sus esperanzas en Él.

Comience su oración pidiéndole a Dios que la dirija y oriente en su Palabra.

1. Lea **1 Pedro 5:6–7**.

   "Humíllense, pues, bajo la poderosa mano de Dios, para que Él los exalte a su debido tiempo. Depositen en Él toda ansiedad, porque Él cuida de ustedes".

   a. ¿Cuál es la relación entre la humildad y la dependencia de Dios?

b. ¿Qué papel juega el orgullo en nuestras preocupaciones?

c. ¿Por qué debemos entregar nuestras ansiedades a Dios?

2. Lea la palabra de Jesús en **Mateo 11:28–30**.

"Vengan a mí todos ustedes que están cansados y agobiados, y yo les daré descanso. Carguen con mi yugo y aprendan de mí, pues yo soy apacible y humilde de corazón, y encontrarán descanso para su alma. Porque mi yugo es suave y mi carga es liviana".

a. ¿Qué quiere Jesús que hagamos con nuestras cargas?

b. ¿Qué nos promete Jesús que hallaremos cuando vayamos a Él?

El día de hoy, la mejor noticia para nosotras como madres es que podemos entregarle todas nuestras preocupaciones y cargas a Jesús. Podemos depositar nuestras ansiedades en Él, porque Él se preocupa por cada detalle de nuestra vida. Él conoce las cargas que hay en nuestros corazones y nos invita a encontrar descanso en su presencia.

Ahora, tómese un minuto para escribir todo lo que le genere preocupación. Entréguele sus penas a Jesús, dejándolas ir con humildad y confiándoselas a Él.

3. Lea **Isaías 26:3**.

"Al de carácter firme lo guardarás en perfecta paz, porque en ti confía".

a. ¿Cuál es la promesa de este versículo?

b. ¿Qué significa ser de carácter firme?

4. Lea **Filipenses 4:4–9**.

"Alégrense siempre en el Señor. Insisto: ¡Alégrense! Que su amabilidad sea evidente a todos. El Señor está cerca. No se inquieten por nada; más bien, en toda ocasión, con oración y ruego, presenten sus peticiones a Dios y denle gracias. Y la paz de Dios, que sobrepasa todo entendimiento, cuidará sus corazones y sus pensamientos en Cristo Jesús. Por último, hermanos, consideren bien todo lo verdadero, todo lo respetable, todo lo justo, todo lo puro, todo lo amable, todo lo digno de admiración, en fin, todo lo que sea excelente o merezca elogio. Pongan en práctica lo que de mí han aprendido, recibido y oído, y lo que han visto en mí, y el Dios de paz estará con ustedes".

a. ¿Qué le ordenó Pablo a los filipenses en el versículo 4? ¿Cuál verdad les recordó en el versículo 5?

b. ¿Cómo podemos combatir la ansiedad, según el versículo 6?

c. ¿Qué prometió Pablo que cuidaría nuestros corazones y nuestros pensamientos?

d. Describa una oportunidad en que la oración le trajo paz y un entendimiento superior.

e. La angustia aumenta en la medida en que permitimos que nuestras mentes se preocupen por lo mismo una y otra vez. ¿Qué nos ordena Pablo que debemos pensar?

Haga una lista de las cosas con las que deberíamos llenar nuestras mentes.

f. ¿Por qué llenar nuestras mentes con esos pensamientos trae paz a nuestros corazones?

Nuestros amigos Jake y Melissa sirven como misioneros en Praga, República Checa. El verano pasado recibieron una noticia que ningún padre quisiera escuchar. Su hija de diez meses, Eliza, había sido diagnosticada con cáncer de hígado. Vivir en un país extranjero y tener que solicitar atención hospitalaria y tratamientos en otro idioma complicaba aún más su situación. En cada etapa de la terapia de Eliza, ellos llamaban a sus amigos alrededor del mundo para que oraran. Cuando tenían demasiadas razones para temer e incontables batallas por enfrentar, el aspecto fundamental que presencié en sus vidas fue una confianza inamovible en el Señor. En medio de la tormenta, se aferraron a Jesús y a sus promesas. Al hacerlo, irradiaban esperanza en medio de la oscuridad, paz en medio del dolor. Desde decisiones desgarradoras hasta largas noches de espera, ellos pusieron sus cargas delante del Señor y pudieron decir: "Oren para que nosotros confiemos en Dios, independientemente de lo que pase. Él es la roca debajo de nuestros pies. Él es bueno".

Este mundo está lleno de situaciones que temer y pruebas que soportar. La exhortación de Pablo hacia los filipenses nos muestra un contraataque en la batalla contra la ansiedad. Comenzamos escogiendo regocijarnos en el Señor. Cuando las circunstancias son difíciles, pensamos en la bondad de Dios, utilizando su Palabra para recordarnos que debemos confiar en su carácter. Segundo, debemos volcar nuestros corazones hacia Dios, entregándole nuestras preocupaciones. Mediante la oración y la petición agradecida, vamos con determinación ante Él y buscamos su ayuda. Se nos ha prometido que el resultado de nuestras oraciones es una paz que sobrepasa todo entendimiento. Aunque quizás las circunstancias no cambien, una paz se posa sobre nuestras almas, protegiendo nuestros corazones y pensamientos. No podemos comprender esta paz, pero estamos protegidos por ella.

¿A qué le teme usted más? ¿Qué es lo que más le produce ansiedad en su corazón? Tal vez usted se preocupa por problemas de salud de su hijo, similares a los que la pequeña Eliza está enfrentando. Tal vez usted le teme al rechazo social, los problemas de aprendizaje, la falta de estabilidad económica, la depresión o cualquier otra dificultad que pueda enfrentar su hijo. Sea lo que sea, espero que encuentre ánimos en la promesa del Salmo 34:4: "Busqué al Señor, y Él me respondió; me libró de todos mis temores". Así como Dios nos puede librar de los problemas de salud o de las dificultades en nuestras relaciones, puede liberar nuestros corazones de los efectos paralizantes del miedo y la ansiedad.

Busque hoy al Señor, pídale que libere su corazón del temor. Mientras ora, tómese un tiempo para pensar en las cosas de su vida que son verdaderas, nobles, puras, hermosas y admirables. Medite en la bondad que Dios tiene para usted y en oración entréguele todos sus problemas a Él.

Día 5: Caminemos juntas como madres

"Así que no temas, porque yo estoy contigo; no te angusties, porque yo soy tu Dios. Te fortaleceré y te ayudaré; te sostendré con mi diestra victoriosa".

—Isaías 41:10

Una madre que confía cada vez más en el Señor irradia una tranquilidad silenciosa. Cuando Dios protege su corazón con la paz que sobrepasa todo entendimiento, su hogar se beneficia. No hay mayor amenaza para la paz en nuestros hogares que dejarnos guiar por el miedo y la ansiedad. Sin embargo, como usted y yo sabemos, ¡es difícil liberar nuestras mentes de la preocupación cuando vivimos en un mundo lleno de preocupaciones!

¿Qué preocupaciones o angustias llenan hoy su corazón? Como escribí esta mañana, me pregunto cómo le irá a mi hija hoy en la tarde, en las pruebas del equipo de baloncesto. A principios de otoño, quedó fuera del equipo de tenis y me preocupa que otro rechazo pueda ser difícil de soportar para ella. Sé que es una preocupación relativamente pequeña, pero de todas maneras me pesa en el corazón.

Como madres, soportamos pequeñas y grandes dificultades que afectan a nuestras familias. Afortunadamente, el Señor siempre nos escucha. Podemos derramar nuestras ansiedades en Él, porque Él se preocupa de todos los aspectos de nuestras vidas. Él nos ama tanto que incluso cada cabello en nuestras cabezas está contado.

La soberanía de Dios y su bondad son las dos anclas que estabilizan mi alma cuando los días son muy ajetreados y mi nivel de cansancio sobrepasa el límite. El hecho de que Dios dirija mis días me permite ver cada uno de ellos como su tarea, no la mía. Aunque tal vez no esté en mis planes que uno de mis hijos se enferme, que el contenido de un pañal se derrame sobre mi ropa, o controlar el mal genio de un adolescente, estas tareas adquieren sentido cuando entiendo que son el plan de Dios para mi día. Su promesa de que todo es para mi bien me permite soportar de forma pacífica todos los imprevistos de mi rutina diaria. Él me sostendrá con su bondad y fortaleza y me ayudará en todo.

Si insisto en mantener mi visión de mi día o mi semana, me siento cada vez más preocupada y ansiosa. Una madre llena de paz confía más en el plan de Dios que en el suyo propio, entregando sus hijos a su cuidado. Para hoy voy a confiar con fe en que tal vez lo mejor para mi hija sea no quedar en el equipo de baloncesto. Mi propia perspectiva es muy limitada, pero Dios está más allá de los confines del tiempo y el espacio. Él puede ver el principio y el final, y su comprensión es perfecta. Él sabe lo que es mejor.

Jesús expuso la falsa seguridad de nuestra preocupación cuando preguntó: "¿Quién de ustedes, por mucho que se preocupe, puede añadir una sola hora al curso de su vida?" (Mt. 6:27) Mientras que no ganamos nada preocupándonos, se nos prometen muchas cosas cuando oramos. ¡Deberíamos ser mujeres que se aferren a la gracia y la bondad de Dios!

Cuanto más nos volvamos hacia Él con nuestras preocupaciones y angustias, más aprenderán nuestros hijos de nuestro ejemplo y más confiarán en las palabras de Jesús, "Yo les he dicho estas cosas para que en mí hallen paz. En este mundo afrontarán aflicciones, pero ¡anímense! Yo he vencido al mundo" (Jn. 16:33).

Así que sea lo que sea que usted esté enfrentando hoy, desde pequeñas preocupaciones hasta grandes angustias, acuda a Jesús. Él nos ama tanto que dio su vida por nosotros. A Él le importan nuestros problemas. El Rey nos escucha. El Rey también nos ama. Él conoce nuestros temores y preocupaciones, nuestras esperanzas y tribulaciones. Entreguémoselas al Señor en oración y confiemos en que Él nos proveerá la paz que nos prometió.

Volquemos nuestras cargas en Él y así encontraremos descanso para nuestras almas.

Abandone la hostilidad y la rabia

Camine en paciencia y en bondad

Día 1

En el último año, mi hija menor ha estado aprendiendo a leer. Todos los días ella trae a casa libros cortos y los leemos juntas. Nuestro tiempo de lectura es a mitad de la tarde, siempre llena de actividades. Hay que vaciar las mochilas, encontrar los zapatos deportivos y todo el mundo clama por una merienda.

El progreso es lento en estas primeras sesiones de lectura. Ella pronuncia pacientemente el sonido de cada palabra según sus propias reglas fónicas. Me siento a su lado, mordiéndome la lengua, intentando no decir la palabra que a ella le cuesta tanto pronunciar. Con las dificultades que esto conlleva, mi papel es escucharla con paciencia y animarla gentilmente para que no se sienta frustrada y desanimada.

La crianza de los hijos está llena de oportunidades para aumentar nuestra paciencia y bondad. Nuestros hijos deben aprender a utilizar la bacinilla, a amarrar sus zapatos, a limpiar sus habitaciones, a empacar sus almuerzos y a hacer sus tareas. Dominar cada una de estas actividades lleva tiempo. Ellos cometerán muchos errores en el proceso. Cuando respondemos ante cualquier situación, desde una leche que se derramó por accidente hasta la desobediencia malintencionada, nuestros hijos necesitan de nuestra paciencia y bondad.

Estas dos virtudes están íntimamente relacionadas, así que esta semana vamos a estudiar tanto la paciencia como la bondad. Comenzaremos observando el fruto de la paciencia. Pienso que es importante que el pasaje que describe el amor en 1 Corintios 13 empieza diciendo: "El amor es paciente" (v. 4). Tome un momento para comenzar su estudio orando, pidiéndole al Señor que aumente su comprensión de la paciencia que Él tiene hacia usted, ya que así usted podrá extender su paciencia hacia los demás, especialmente hacia sus hijos.

1. Lea **Nehemías 9:29–31**.

"Les advertiste que volvieran a tu ley, pero ellos actuaron con
soberbia y no obedecieron tus mandamientos. Pecaron contra
tus normas, que dan vida a quien las obedece. En su rebeldía, te
rechazaron; fueron tercos y no quisieron escuchar. Por años les
tuviste paciencia; con tu Espíritu los amonestaste por medio de
tus profetas, pero ellos no quisieron escuchar. Por eso los dejaste
caer en manos de los pueblos de esa tierra. Sin embargo, es tal
tu compasión que no los destruiste ni abandonaste, porque eres
Dios clemente y compasivo".

a. Enumere todas las maneras en que los israelitas dejaron
de seguir a Dios.

b. ¿Cómo respondió el Señor?

c. Piense en sus propios hijos. ¿En qué aspectos ellos se resisten más a obedecer sus órdenes? ¿Dónde usted ve ter-
quedad y renuencia a escuchar?

d. ¿Cómo suele usted reaccionar ante la desobediencia de
sus hijos? ¿Qué malos comportamientos le generan impaciencia? ¿Por qué?

Cuando mi hijo tenía unos dos años, se las ingenió para treparse
y salirse de su cuna por primera vez. Sabíamos que era peligroso, así
que le dijimos con voz firme: "No, John, no puedes treparte y salirte
de tu cuna". Nuestra mayor consternación fue que no escuchara nuestras advertencias. Cada vez que desobedecía, lo disciplinábamos de
alguna manera. A pesar de nuestros esfuerzos, tarde tras tarde con-
seguía salirse de su cuna. Después de meses de esta lucha me dirigí a
mi esposo y le pregunté: "¿No te parece que simplemente deberíamos

pasarlo a una cama?". Estaba exhausta de esa batalla y nuestra manera de disciplinarlo no había tenido ningún efecto. Mi esposo, acertadamente, me advirtió sobre esta decisión. Él pensó que si nuestro hijo no se podía quedar en su cuna, mucho menos se iba a quedar en una cama. En su lugar, me animó con estas palabras: "Debemos *desobstinar* su obstinación".

En ese momento mi esposo ejemplificó la paciencia que el Señor les demostró a los israelitas. La paciencia de Dios no fue tolerancia o aceptación de su mal comportamiento. Él fielmente advirtió y disciplinó a su pueblo, y lo hizo sin rabia ni hostilidad. Con tiempo y, una vez más, paciencia, corrigió a su pueblo y lo llevó al arrepentimiento.

Este tema sobre la paciencia de Dios continúa en el Nuevo Testamento, cuando Dios llama a su pueblo a la Iglesia.

2. Lea **2 Pedro 3:9–15**.

"El Señor no tarda en cumplir su promesa, según entienden algunos la tardanza. Más bien, Él tiene paciencia con ustedes, porque no quiere que nadie perezca sino que todos se arrepientan. Pero el día del Señor vendrá como un ladrón. En aquel día los cielos desaparecerán con un estruendo espantoso, los elementos serán destruidos por el fuego, y la tierra, con todo lo que hay en ella, será quemada. Ya que todo será destruido de esa manera, ¿no deberían vivir ustedes como Dios manda, siguiendo una conducta intachable y esperando ansiosamente la venida del día de Dios? Ese día los cielos serán destruidos por el fuego, y los elementos se derretirán con el calor de las llamas. Pero, según su promesa, esperamos un cielo nuevo y una tierra nueva, en los que habite la justicia. Por eso, queridos hermanos, mientras esperan estos acontecimientos, esfuércense para que Dios los halle sin mancha y sin defecto, y en paz con Él. Tengan presente que la paciencia de nuestro Señor significa salvación, tal como les escribió también nuestro querido hermano Pablo, con la sabiduría que Dios le dio".

a. Según este pasaje, ¿cuál es la razón de la paciencia de Dios?

b. ¿Cómo deberíamos vivir mientras esperamos el regreso de Cristo?

c. Describa una manera en la que usted personalmente ha experimentado la paciencia del Señor. ¿Cómo afectó esa experiencia la manera en la que usted se relaciona con los demás?

Así como el Señor extiende su paciencia paternal sobre nosotros, nosotros esperamos bendecir a nuestros hijos con abundante paciencia en nuestros hogares. Sin embargo, con frecuencia batallamos para cargar con el fruto de la paciencia, sobre todo cuando las circunstancias y los comportamientos nos causan frustración. El libro de Proverbios nos ayuda a comprender cómo debemos dirigir nuestras elecciones.

3. Apunte lo que cada uno de los siguientes versículos nos enseña sobre la paciencia, así como cualquier advertencia contra el mal genio. Haga una lista de lo que aprenda en las dos columnas que se muestran abajo. El primer ejemplo ha sido llenado como ejemplo.

"El que es paciente muestra gran discernimiento; el que es agresivo muestra mucha insensatez" (**Pr. 14:29**).

"El que es iracundo provoca contiendas; el que es paciente las apacigua" (**Pr. 15:18**).

"El buen juicio hace al hombre paciente; su gloria es pasar por alto la ofensa" (**Pr. 19:11**).

"Mis queridos hermanos, tengan presente esto: Todos deben estar listos para escuchar, y ser lentos para hablar y para enojarse;

pues la ira humana no produce la vida justa que Dios quiere" (Stg. 1:19–20).

Paciencia	Ira/Mal Genio
Demuestra comprensión	*Demuestra insensatez*

4. ¿En cuales circunstancias es usted más propensa a ser impaciente? ¿Cómo le transmite esto a su familia?

5. Santiago retó a sus lectores a estar listos para escuchar, ser lentos para hablar y enojarse. ¿En cuáles situaciones usted necesita aplicar de manera intencional esta instrucción?

En su libro *A Woman's Walk with God*, Elizabeth George describe la paciencia:

> "La definición de paciencia que utilizo para mí misma es: *La paciencia no hace nada.* La paciencia es solo la fachada de estos tres frutos que se relacionan con las demás personas: paciencia, bondad y benignidad; y es una parte pasiva del amor: es cuando el amor no hace nada [...]. No hacer *nada* nos da tiempo (¡incluso un segundo!) para hacer *algo*: orar, reflexionar o pensar en responder de la forma adecuada".[14]

6. ¿De qué manera tomarnos un momento para "no hacer nada" (en lugar de hablar o reaccionar) puede mejorar nuestras interacciones con nuestros hijos?

La ira responde rápidamente, desborda hostilidad y cosecha arrepentimiento. La paciencia requiere tanto de lentitud para reaccionar como de disposición para escuchar, lo cual se está volviendo cada vez más raro en nuestra sociedad acelerada e inmediatista. Cuando nos tomamos un tiempo para escuchar a nuestros hijos y tratamos de comprender su perspectiva, podemos cultivar la paz y la amabilidad en nuestros hogares.

Tener paciencia involucra mantenernos fieles a nuestros compromisos y responsabilidades, incluso cuando nuestros esfuerzos parecen no estar marcando ninguna diferencia. Con mi hijo John, nuestra paciencia significó mantener el objetivo en cuanto a su disciplina. Después de meses de exhortación, advertencias y correcciones, finalmente dejó de treparse para salirse de su cuna. ¡Pacientemente *desobstinamos* su obstinación!

Culmine su tiempo de estudio pidiendo al Señor que le dé un corazón paciente, que espere y "no haga nada" por un instante antes de responder. Ponga delante del Señor sus dificultades actuales con su familia, pidiéndole que le dé la gracia de ser rápida para escuchar y lenta para hablar.

Día 2

Como mencioné anteriormente, he escrito mis oraciones todos los días en un diario durante más de veinticinco años. Para mí es la manera más fácil de derramar mi corazón ante el Señor y buscar su fuerza y dirección. Cada vez que leo mis viejos escritos me sorprende la paciencia del Señor para conmigo. ¡Soy tan lenta para aprender! Ciertas tendencias pecaminosas afloran de vez en cuando. Aun así, Dios permanece fiel en mi desarrollo.

Cuando pienso en la paciencia que me tiene el Señor, me lleno de un profundo deseo de extender la misma bendición a mis hijos. Es tentador creer que tal vez sería más paciente ante situaciones diferentes (o tal vez niños diferentes). En realidad, mi falta de paciencia no ha tenido nada que ver en la desobediencia de mis hijos o en su lentitud para entender las situaciones por las que estoy pasando. Mi impaciencia o ira revela una falta de fruto en mi vida. La obra de paciencia del Espíritu Santo en mi vida solo puede aflorar cuando las situaciones o las personas presionan mis límites naturales. Ser constante en Jesús es mi única esperanza. Cualesquiera sean las circunstancias que Él me da, me provee de la fuerza para enfrentarlas con paciencia.

Veamos dos pasajes que demuestran cómo la paciencia es parte integral de una vida digna del Señor.

1. Lea **Colosenses 1:9–14.**

"Por eso, desde el día en que lo supimos no hemos dejado de orar por ustedes. Pedimos que Dios les haga conocer plenamente su voluntad con toda sabiduría y comprensión espiritual, para que vivan de manera digna del Señor, agradándole en todo. Esto implica dar fruto en toda buena obra, crecer en el conocimiento de Dios y ser fortalecidos en todo sentido con su glorioso poder. Así perseverarán con paciencia en toda situación, dando gracias con alegría al Padre. Él los ha facultado para participar de la herencia de los santos en el Reino de la luz. Él nos libró del dominio de la oscuridad y nos trasladó al Reino de su amado Hijo, en quien tenemos redención, el perdón de pecados".

a. Basándose en este pasaje, ¿cómo podemos prepararnos para demostrar grandeza, resistencia y paciencia?

b. ¿Cuál es la conexión entre dar gracias jubilosamente y enfrentar las dificultades con una paciencia superior?

c. ¿De qué maneras puede usted dar gracias con mayor frecuencia? ¿Qué prácticas pueden ayudarla a cultivar activamente el gozo y la acción de gracias en su vida?

2. Lea **Efesios 4:1–2.**

"Por eso yo, que estoy preso por la causa del Señor, les ruego que vivan de una manera digna del llamamiento que han recibido, siempre humildes y amables, pacientes, tolerantes unos con otros en amor".

a. ¿Por qué la paciencia es vital para llevar una vida digna del llamado de Cristo? Describa algunas ocasiones en las que Cristo demostró paciencia en sus interacciones con los demás.

b. ¿Por qué la humildad nos permite crecer en la paciencia? ¿Por qué nuestro orgullo nos provoca impaciencia o rabia?

Reflexionar regularmente en la paciencia del Señor hacia nosotros promueve un espíritu de humildad y gentileza en nuestros corazones. Su Espíritu nos permite demostrar el fruto de la paciencia, una cualidad especialmente necesaria cuando les enseñamos verdades espirituales a nuestros hijos.

3. Lea **2 Timoteo 4:1–2**.

"En presencia de Dios y de Cristo Jesús, que ha de venir en su Reino y que juzgará a los vivos y a los muertos, te doy este solemne encargo: Predica la palabra; persiste en hacerlo, sea o no sea oportuno; corrige, reprende y anima con mucha paciencia, sin dejar de enseñar".

a. ¿Cómo este versículo instruye a Timoteo a enseñar la Palabra?

b. ¿Qué significa para usted aplicar estos principios cuando enseña a sus hijos?

c. ¿Por qué la paciencia es particularmente importante cuando les enseña las verdades espirituales a sus hijos? ¿Cómo la manera en la que instruimos a nuestros hijos sobre Dios afecta su regocijo en Él?

El *Diccionario Oxford* describe la paciencia como "la capacidad de aceptar o tolerar una demora, problema o sufrimiento sin enojarse o alterarse".[15] La crianza de los hijos está llena de demoras y problemas inesperados. Tómese unos minutos para pensar en los aspectos en los que se le dificulta más extender la paciencia en su hogar.

4. En una escala del 1 al 10 (donde 1 significa "imperturbable y calmado" y 10 significa "rápido para perder el control"), ¿cómo describiría usted su capacidad de aceptar las demoras inevitables, los problemas y el sufrimiento?

5. ¿Cuándo se siente impaciente, como suele reaccionar?

6. Piense en su día. ¿En qué momentos está más propensa a sentirse iracunda o alterada? ¿Cómo puede desarrollar una paciencia superior en ese aspecto? ¿Qué cambios puede hacer en su horario, o cómo puede planificarse para mantener la calma en ese momento particular del día?

7. ¿Es alguna persona en particular la que le causa frustración? Puede ser un vecino, un pariente político, un amigo en la iglesia, o alguien de su trabajo. ¿Cómo sería para usted enfrentar pacientemente con amor a esa persona? ¿Por qué hacerlo podría ser para sus hijos un ejemplo de paciencia?

Proverbios 12:18 nos instruye: "El charlatán hiere con la lengua como con una espada, pero la lengua del sabio brinda alivio". Las palabras tienen el poder de romper corazones y herir a aquellos que nos rodean. También tienen el poder de sanar. Por la gracia de Dios podemos convertirnos en madres cuyas palabras demuestren cuidado amoroso por nuestros hijos.

Culmine su tiempo de estudio de hoy orando por aquellos aspectos en los que usted necesita aumentar su paciencia. Puede ser que necesite demostrarles más paciencia a sus hijos. O tal vez lucha con la impaciencia al conducir, esperar en una fila, o al lidiar con su vecino. Donde sea que se le dificulte ser paciente hoy, pídale al Señor que la fortalezca en su Espíritu.

Día 3

En las Escrituras, la paciencia está frecuentemente relacionada con la bondad. He descubierto que esto también se aplica en la vida real. Cuando pierdo la paciencia, la bondad se va por la ventana con ella.

En 1 Corintios 13:4 leemos: "El amor es paciente, es bondadoso". Donde la paciencia humildemente soporta las fallas de otros, la bondad busca hacer el bien en los demás. Cuando amamos a nuestros hijos, estas dos características deben ir de la mano, en una bella muestra de nuestro afecto.

Nuestra habilidad de extender bondad está enraizada y establecida en la bondad del Señor para con nosotros. Hoy, veremos las Escrituras que muestran la bondad paternal del Señor para con su pueblo, y reflexionaremos en los beneficios y las bendiciones que nos trae una vida llena de bondad.

1. Lea **Oseas 11:1–4**.

   "Desde que Israel era niño, yo lo amé; de Egipto llamé a mi hijo. Pero cuanto más lo llamaba, más se alejaba de mí. Ofrecía sacrificios a sus falsos dioses y quemaba incienso a las imágenes. Yo fui quien enseñó a caminar a Efraín; yo fui quien lo tomó de la mano. Pero él no quiso reconocer que era yo quien lo sanaba. Lo atraje con cuerdas de ternura, lo atraje con lazos de amor. Le quité de la cerviz el yugo, y con ternura me acerqué para alimentarlo".

   a. ¿Cuáles atributos paternales y acciones demuestra Dios en este pasaje?

   b. ¿Alguna vez llamó a su hijo para que viniera hacia usted

y este corrió en la dirección opuesta? ¿Cómo reaccionó
usted?

c. ¿Cómo respondió Dios cuando su pueblo se alejó?

¿No es esta una imagen maravillosa de Dios como nuestro Padre?
Me imagino a Israel como un niño pequeño, totalmente inconsciente
de que su Padre está preparándole una comida con amor, ayudándole
a caminar, y curando sus heridas.

Algunos días parece que me estoy haciendo cargo de todos: haciendo comidas, lavando platos y escuchando problemas. En esos momentos de cansancio suspiro mientras pienso: *¡Ojalá tuviera a alguien
que me cuidara!*

Este pasaje nos da una maravillosa noticia: así como somos padres para nuestros hijos, Dios es un Padre fiel para nosotros. Él amablemente presta atención a nuestras necesidades, sabe lo que es mejor
para nosotros, y nos cuida entre sus brazos amorosos. Así como revi-
samos el reporte del tiempo para saber si enviamos a nuestros hijos a
la escuela con un abrigo, Él se anticipa y conoce nuestras necesidades.
Él ve todo lo que hacemos. Él no se siente cansado o agotado por cui-
darnos. Sin embargo, como los israelitas, a menudo no somos conscientes de su cuidado amoroso para con nuestras necesidades.

2. Piense en el año pasado o el antepasado. ¿Ha sido usted testigo
   de la bondad del Señor? ¿Ha satisfecho sus necesidades de
   forma tangible?

La bondad del Señor llena nuestros corazones y nos permite extender esa bondad hacia los demás. El libro de Proverbios nos da una
perspectiva sobre los beneficios de mostrar bondad, especialmente
hacia los pobres y los necesitados.

3. Lea los siguientes versículos:

"La mujer bondadosa se gana el respeto; los hombres violentos solo ganan riquezas" (**Pr. 11:16**).

"Es un pecado despreciar al prójimo; ¡dichoso el que se compadece de los pobres!" (**Pr. 14:21**).

"Servir al pobre es hacerle un préstamo al Señor; Dios pagará esas buenas acciones" (**Pr. 19:17**).

a. ¿Qué puede aprender de estos versículos sobre la bendición de ser bondadosos?

b. ¿De qué manera la bondad le ha dado bendiciones en su vida?

c. ¿Por qué es particularmente importante ser bondadosos con los pobres y los necesitados?

Una de mis más grandes esperanzas para con mis hijos es que ellos puedan ser bondadosos con los demás. Quiero que tengan buen corazón para con los pobres y los necesitados de nuestra comunidad. Espero que tengan ojos para ver los dolores de aquellos que los rodean.

Para aprender a transmitir bondad, es necesario que nos sensibilicemos por los demás. Somos propensos a no notar las necesidades de los que nos rodean si nos mantenemos concentrados en nosotros mismos. Ayudar a los niños a ver las necesidades de los demás los bendecirá con una perspectiva de sus propias vidas, así como los impulsará a realizar buenas acciones que demuestran la bondad de Dios.

La clave para hacer que sus hijos se preocupen por las necesidades de los demás es siendo activos nosotros mismos en atender a quienes nos rodean: haciendo comidas, visitando en los hospitales, cuidando los hijos de otros, ayudando a los impedidos físicos, orando con un amigo herido, u organizando una actividad de evangelización. Tenemos llamadas y oportunidades únicas para demostrar bondad hacia los demás. Distintas oportunidades proporcionan distintos recursos de tiempo, dinero y energía para compartir. Sea cual sea la manera en la que sirvamos, cuando le permitimos participar a nuestros hijos en estas labores, estamos expandiendo su comprensión sobre la amabilidad.

4. Lea **Efesios 4:25–32**, donde encontraremos útiles maneras de extender la amabilidad hacia los demás.

"Por lo tanto, dejando la mentira, hable cada uno a su prójimo con la verdad, porque todos somos miembros de un mismo cuerpo. Si se enojan, no pequen. No dejen que el sol se ponga estando aún enojados, ni den cabida al diablo. El que robaba, que no robe más, sino que trabaje honradamente con las manos para tener qué compartir con los necesitados. Eviten toda conversación obscena. Por el contrario, que sus palabras contribuyan a la necesaria edificación y sean de bendición para quienes escuchan. No agravien al Espíritu Santo de Dios, con el cual fueron sellados para el día de la redención. Abandonen toda amargura, ira y enojo, gritos y calumnias, y toda forma de malicia. Más bien, sean bondadosos y compasivos unos con otros, y perdónense mutuamente, así como Dios los perdonó a ustedes en Cristo".

a. En las columnas a continuación, anote palabras y frases del pasaje que describan lo que la bondad no hace y lo que hace. El primero es un ejemplo.

La bondad no:	La bondad:
Habla falsedades	*Habla la verdad*

b. Al pensar en este pasaje, ¿en qué aspecto puede usted mostrarse más bondadoso el día de hoy?

Este pasaje en Efesios describe un hogar bellamente adornado. Afortunadamente, este tipo de belleza no tiene nada que ver con tener las mejores cortinas o decoración. Mucho deseo llenar mi hogar con estos tesoros. Espero que hablemos a otros con la verdad, con palabras que edifiquen y beneficien a quienes las escuchan. Quiero que todos colaboren en las tareas de la casa y estén dispuestos a ayudar a otros con sus necesidades. Añoro corazones que perdonen con rapidez y dejen ir la rabia, la amargura y la ira.

Todo esto solo es posible en un hogar donde la paciencia y la bondad fluyen desde el Espíritu hacia nuestras vidas. Culmine su tiempo de estudio de hoy en oración, pidiéndole a Dios que refleje su carácter en su hogar. Que sea un lugar de belleza y bendiciones para todos.

Día 4

La semana pasada, mi amiga Tracy y yo tuvimos una larga conversación en la cual nos pusimos al día con nuestras vidas. Ella vive actualmente en la ciudad de Nueva York, y sirve en un ministerio de la ciudad ayudando a los niños del Bronx y sus familias. Ella trabaja incansablemente para ayudar a las familias con problemas, ofreciéndoles educación parental, cuidado preescolar, y programas extracurriculares para los niños que no tienen nada que hacer en las tardes. Su trabajo rebosa de cariño, ya que ella busca compartir el amor de Cristo con los niños y sus padres.

Aunque su amor por los demás se evidencia en su trabajo ministerial, también he sido testigo del abundante fruto que la bondad ha traído a sus relaciones personales, particularmente una. Cuando Tracy era niña, su madre tuvo problemas con el uso de drogas prescritas y sufría de una enfermedad mental. Durante años, Tracy apoyó y, de muchas maneras, fue la "madre" de su propia madre. A lo largo del último año, el cuidado se intensificó y ha requerido que Tracy pase horas al teléfono con servicios sociales y los centros de vivienda asistida para conseguir ayuda para su madre, que vive en Georgia. Aunque pudo haber sido fácil para Tracy dejar su pasado atrás, el amor de Cristo que vive en su corazón la impulsa a cuidar de su madre. Su historia nos da una bella imagen de lo que es el amor abnegado y la bondad que busca el bien del prójimo, incluso a un alto costo personal.

Así como me anima el ejemplo de Tracy, una de mis historias

favoritas del Antiguo Testamento nos da un ejemplo de cómo mostrar favor a alguien que necesita de nuestra amabilidad.

Antes de que David se convirtiera en rey, sufrió mucho a causa del rechazo del rey Saúl, que lo persiguió durante muchos años e intentó quitarle la vida en múltiples ocasiones. Sin embargo, Jonatán, el hijo de Saúl, amaba a David y trataba de protegerlo porque sabía que Dios había ungido a David para que fuera el próximo rey. Jonatán y David hicieron un pacto, en el cual prometieron cuidarse uno al otro. Jonatán le pidió a David: "Y si todavía estoy vivo cuando el Señor te muestre su bondad, te pido que también tú seas bondadoso conmigo y no dejes que me maten. ¡Nunca dejes de ser bondadoso con mi familia, aun cuando el Señor borre de la faz de la tierra a todos tus enemigos!" (1 S. 20:14–15).

Para asegurar su propio trono, era costumbre que el nuevo rey asesinara a todos los descendientes del rey anterior. Jonatán le pidió a David que tuviera misericordia de su familia cuando se convirtiera en rey. Años después de que Jonatán muriera en batalla, David cumplió la promesa que le hizo a Jonatán.

1. Lea **2 Samuel 4:4 y 2 Samuel 9:1, 6–7, 11.**

"Por otra parte, Jonatán hijo de Saúl tenía un hijo de cinco años, llamado Mefiboset, que estaba tullido. Resulta que cuando de Jezrel llegó la noticia de la muerte de Saúl y Jonatán, su nodriza lo cargó para huir pero, con el apuro, se le cayó y por eso quedó cojo".

El rey David averiguó si había alguien de la familia de Saúl a quien pudiera beneficiar en memoria de Jonatán".

"Cuando Mefiboset, que era hijo de Jonatán y nieto de Saúl, estuvo en presencia de David, se inclinó ante él rostro en tierra. '¿Tú eres Mefiboset?', le preguntó David. 'A las órdenes de su majestad', respondió. 'No temas, pues en memoria de tu padre Jonatán he decidido beneficiarte. Voy a devolverte todas las tierras que pertenecían a tu abuelo Saúl, y de ahora en adelante te sentarás a mi mesa' [...]. A partir de ese día Mefiboset se sentó a la mesa de David como uno más de los hijos del rey".

a. ¿Por qué David quería mostrar bondad hacia la casa de Saúl?

b. ¿Quién sobrevivió de la casa de Saúl? ¿Qué aprendemos de él?

c. ¿Por qué cree usted que David le dijo a Mefiboset: "No temas"?

d. ¿De qué manera las acciones de David hacia Mefiboset son una representación de la bondad de Dios hacia nosotros por causa de Cristo?

e. Mientras lee la historia, ¿qué persona en particular le viene a la mente, que podría beneficiarse hoy de su bondad? ¿Qué puede hacer para buscar a esa persona?

2. **1 Tesalonicenses 5:14–15** nos dice: "Hermanos, también les rogamos que amonesten a los holgazanes, estimulen a los desanimados, ayuden a los débiles y sean pacientes con todos. Asegúrense de que nadie pague mal por mal; más bien, esfuércense siempre por hacer el bien, no solo entre ustedes sino a todos". ¿Existe alguna persona que le haya hecho mal a la cual usted le pueda mostrar bondad? ¿Por qué es tan difícil hacerlo?

Siempre me encantó la historia de Mefiboset y creo que es una extraordinaria ilustración del evangelio. David no esperó que Mefiboset viniera a pedirle ayuda, sino que lo buscó con bondad, debido al amor que había sentido por Jonatán. Él bendijo a Mefiboset con tierras, plantaciones y un lugar en la mesa del rey, aunque él era nieto de Saúl (y, por lo tanto, un rival potencial para el trono).

De forma similar, Dios nos busca a cada uno de nosotros con bondad por causa de Cristo. Por amor a Cristo, Dios le da a todo el que cree en Él un hogar eterno y un lugar en la mesa del Rey. Reflexione hoy en la bondad y misericordia de Dios. Ore para que Él le permita transmitirles a los demás la bondad que usted ha recibido de Él.

Día 5: Caminemos juntas como madres

"Por tanto, hermanos, tengan paciencia hasta la venida del Señor. Miren cómo espera el agricultor a que la tierra dé su precioso fruto y con qué paciencia aguarda las temporadas de lluvia".
—Santiago 5:7

Cuando Kate, mi hija menor, estaba en preescolar, trajo unas semillas de la escuela y me preguntó si las podía sembrar en nuestro pequeño jardín delantero. Fuimos por nuestras palitas, hicimos un agujero y colocamos las semillas cuidadosamente en la tierra. Después de regarlas y colocar los instrumentos nuevamente en el cobertizo, regresé a la casa para preparar la cena. Poco después salí nuevamente a buscar a Kate. La encontré sentada aún en el jardín. Cuando le pregunté qué estaba haciendo, me respondió con una sonrisa: "¡Estoy esperando que mi planta crezca!".

La semanas siguientes, cuidó sus semillitas y esperó pacientemente. Con el pasar de los días, observó un retoño verde que apareció y creció. Después de unas semanas, creció más grande y, a mitad del verano, la planta que había cuidado con tanto esmero había crecido más grande que ella. La semillita se había convertido en una planta de maíz, ¡allí mismo en nuestro jardín!

Así como Kate necesitó paciencia y bondad para cuidar de su planta, nosotros necesitamos, desesperadamente, estas dos características para criar a nuestros hijos. Cada día está lleno de interrupciones, luchas y retos inesperados. Muy a menudo, lo que sale de nuestro corazón es impaciencia e ira. Confesar nuestras debilidades y permanecer en Cristo nos cambia para convertirnos en madres que cada vez más se caractericen por demostrar el amor que es paciente y bondadoso.

Invertir tiempo para reflexionar regularmente en la paciencia y bondad del Señor hacia mí, me ha ayudado en mi rol de madre. En todas las situaciones de mi vida, Dios trabaja para moldearme y hacerme más a la imagen de Jesús. Romanos 8:28–29 promete:

> "Ahora bien, sabemos que Dios dispone todas las cosas para el bien de quienes lo aman, los que han sido llamados de acuerdo con su propósito. Porque a los que Dios conoció de antemano, también los predestinó a ser transformados según la imagen de su Hijo, para que Él sea el primogénito entre muchos hermanos".

Dios utiliza cada momento del día para nuestro bien, conformándonos a la imagen de su Hijo. Cuando nuestro hijos hacen berrinches, se quejan porque no les dimos otra ración de helado, o actúan como si el aseo de su habitación es equivalente a explotación infantil, Dios usa esos momentos para aumentar la gracia en nuestros corazones. Solo podemos recoger el fruto de la paciencia cuando tenemos algo por lo que debemos ser pacientes.

Quizás Dios está usando el corazón desagradecido de nuestro hijo para exponer nuestra propia ingratitud. Tal vez los rezongos de nuestro hijo porque tiene que ayudar con la limpieza después de la cena, es un reflejo de nuestras propias quejas internas hacia Dios por el servicio que le damos en algún aspecto. Cuando me tomo el tiempo de reflexionar en cómo Dios obra en mi corazón, puedo responder con mayor paciencia a mis hijos.

Nuestros hijos necesitan tiempo para aprender y crecer. Cuando Santiago habló sobre esperar la venida del Señor, utilizó el ejemplo de un agricultor, diciendo: "Por tanto, hermanos, tengan paciencia hasta la venida del Señor. Miren cómo espera el agricultor a que la tierra dé su precioso fruto y con qué paciencia aguarda las temporadas de lluvia" (Stg. 5:7). De igual forma, toma años ver el fruto de una crianza consistente y fiel. Estamos allí para cuidar la joven planta y nutrir su crecimiento, pero no podemos forzarla. Esperamos con expectación esperanzada, observando con paciencia y animando amablemente a nuestros hijos, mientras le confiamos su crecimiento al Señor.

Para terminar nuestra lección de esta semana, piense en las siguientes preguntas y deje que la guíen cuando ore por su familia:

- ¿Cuál de sus hijos necesita más su compasión y comprensión?
- ¿En qué aspectos necesita incrementar su paciencia?
- ¿Cómo puede usted transmitirles activamente su bondad a sus hijos?
- ¿Qué le está enseñando el Señor en esta etapa? ¿De qué manera está obrando Él en su corazón mientras usted cuida a sus hijos?

Ore y pídale al Señor que le dé la gracia necesaria para demostrarles paciencia y bondad a sus hijos el día de hoy. Regocíjese en la buena noticia de que Dios la busca con su bondad: "Pero cuando se manifestaron la bondad y el amor de Dios nuestro Salvador, Él nos salvó, no por nuestras propias obras de justicia sino por su misericordia. Nos salvó mediante el lavamiento de la regeneración y de la renovación por el Espíritu Santo" (Tito 3:4–5).

Adiestre los corazones a través de la disciplina

Camine en el bien y la fidelidad

Día 1

Hace poco asistí al concierto de violín de mi hija menor. Escuchar veintiséis solos de violín me dio tiempo suficiente para reflexionar (¡al final de la noche estaba exhausta de tanto pensar!). Los estudiantes más jóvenes tocaron canciones sencillas, mientras que algunos de los estudiantes más experimentados interpretaron piezas complejas e interesantes. Una de las niñas de séptimo grado, Evelyn, tocó una canción que duró más de seis minutos. Sus hábiles dedos se movían sobre su instrumento con precisión y gracia. Sorprendentemente, tocó la canción completa de memoria. Fue una ejecución muy bella.

La extraordinaria ejecución de Evelyn fue el resultado de dos elementos que actuaron en conjunto: interpretó una hermosa pieza musical y había practicado fielmente en el transcurso de muchos años. Tener un hermoso modelo a seguir y años de entrenamiento con disciplina le permitieron tocar el violín con libertad.

De forma similar, nuestros hijos necesitan un modelo a seguir y años de disciplina para convertirse en adultos que puedan vivir sus vidas en la gracia y libertad de la Palabra de Dios. Esta semana estudiaremos la bondad y la fidelidad de Dios, buscando ser como Él mientras educamos a nuestros hijos. Sin los años de práctica, Evelyn se habría perdido el deleite de tocar su violín con esa libertad. Así mismo, nuestros hijos se perderán el gozo de caminar en los senderos de Dios si fallamos al inculcarles educación y disciplina fielmente.

Hoy veremos específicamente lo que es el bien. Cuando Moisés pidió ver la gloria de Dios, Dios le respondió: "Yo haré pasar todo mi bien delante de tu rostro" (Éx. 33:19, jbs). El resumen del carácter de Dios tal vez se describa mejor con la palabra *bueno*. Todo en el Señor es santo y justo. No hay nada malo en su carácter o en sus acciones.

Comience su estudio orando, pidiéndole a Dios que la guíe y le de sabiduría mientras estudia.

1. Lea los siguientes versículos. En cada uno de ellos, anote lo que comprenda sobre Dios como un ser bueno.

   a. **Salmo 34:8**. "Prueben y vean que el Señor es bueno; dichosos los que en Él se refugian".

   b. **Salmo 119:68**. "Tú eres bueno, y haces el bien; enséñame tus decretos".

   c. **Marcos 10:17–18**. "Cuando Jesús estaba ya para irse, un hombre llegó corriendo y se postró delante de él. 'Maestro bueno', le preguntó, '¿qué debo hacer para heredar la vida eterna?'. '¿Por qué me llamas bueno?', respondió Jesús. 'Nadie es bueno sino solo Dios'".

2. ¿De qué maneras usted ha probado y visto que el Señor es bueno?

3. ¿En qué aspectos le cuesta creer que Dios es bueno?

A mí me encanta disfrutar de una deliciosa comida. Cuando encuentro un restaurant o una receta que me gusta, una de las cosas que más disfruto es compartirla con mis amigos. Me produce un placer aun mayor disfrutar las bondades de una comida que me encanta en presencia de mis seres queridos.

Veo este mismo deleite en la metáfora expresada en la cálida oferta del salmista: "Prueben y vean que el Señor es bueno". Sus palabras nos invitan a degustar por nosotros mismos la rectitud del Señor.

Beberemos de su bondad, experimentando a Dios con todos nuestros sentidos.

Cuantos más años camino con el Señor, más profundo es mi deseo de comunicarles a los demás esta sencilla verdad que cambia nuestras vidas: *¡Él es tan bueno!* Quiero que mis hijos amen y se deleiten en su bondad porque he probado y he visto que no hay una mejor manera de vivir que en comunión con Dios.

Además, cuanto más vivo, más claramente veo las dificultades que tiene la vida cuando no estamos en los caminos de Dios. Nuestro Creador nos facilitó una senda para disfrutar la libertad, dándonos sus leyes para seguirlas. Aunque la ley no nos puede salvar, sí nos puede llevar hacia la voluntad que Dios tiene para nuestras vidas. Dios quiere que aquellos que lo siguen reflexionen en su bondad hacia el mundo entero.

4. Lea los siguientes versículos y anote lo que aprenda sobre la manera en que el bien actúa en la vida del creyente.

   a. **Efesios 2:8–10**: "Porque por gracia ustedes han sido salvados mediante la fe; esto no procede de ustedes, sino que es el regalo de Dios, no por obras, para que nadie se jacte. Porque somos hechura de Dios, creados en Cristo Jesús para buenas obras, las cuales Dios dispuso de antemano a fin de que las pongamos en práctica".

   b. **1 Timoteo 5:9–10**: "En la lista de las viudas debe figurar únicamente la que tenga más de sesenta años, que haya sido fiel a su esposo, y que sea reconocida por sus buenas obras, tales como criar hijos, practicar la hospitalidad, lavar los pies de los creyentes, ayudar a los que sufren y aprovechar toda oportunidad para hacer el bien".

c. **1 Pedro 2:15.** "Porque esta es la voluntad de Dios: que, practicando el bien, hagan callar la ignorancia de los insensatos".

5. ¿De qué maneras específicas estos pasajes exhortan al pueblo de Dios a reflexionar sobre su bondad hacia los demás?

6. ¿Por qué cree usted que es tan importante que el pueblo de Dios sea reconocido por sus buenas acciones?

7. ¿Qué nos aparta del orgullo cuando hacemos cosas buenas?

Por el Espíritu de Dios que vive y actúa dentro de nosotros, podemos convertirnos en mujeres que reflejen la bondad de Dios hacia los demás. Me encanta que una de las buenas acciones descritas en 1 Timoteo sea el trabajo de criar a los hijos. Amar y criar a nuestros hijos es un llamado divino. Nunca dudemos del valor de nuestro trabajo, ¡es bueno!

Culmine su estudio de hoy pidiéndole a Dios que permita que su gracia tenga un efecto en su vida. Que usted sea su mano de obra, ejecutando activamente las buenas acciones que Él le preparó de antemano para que hiciera.

Día 2

Cuando mi esposo y yo nos mudamos a Escocia para que él sacara su doctorado, al principio la transición fue muy difícil para mí. Las primeras semanas fueron muy atareadas debido a la mudanza, pero cuando los días se convirtieron en semanas, descubrí que me encontraba sola la mayor parte del tiempo. Es irónico, porque ahora ansío tener tiempo para mí, pero en aquel tiempo extrañaba a mis amigos y me preguntaba qué sería de sus vidas. Facebook aún no había sido inventado, el correo electrónico aun requería de una conexión telefónica y las llamadas telefónicas internacionales eran difíciles de coordinar.

Con el pasar de las semanas, empecé a creer que mis amigos se habían olvidado de mí. No llegaba ninguna carta y nadie contestaba mis correos electrónicos. A algunos de ese grupo de amigos que dejé los consideraba mis más queridos amigos. Ahora, a millas de distancia, comencé a dudar de su fidelidad hacia nuestra amistad. Le comenté a mi esposo cómo me sentía y le pedí que orara por mí. Sinceramente, no estaba segura de por qué cosas debía orar.

Al día siguiente llegó un paquete por correo. Entre el plástico de burbujas encontré un casete, junto con una carta que explicaba que la cinta era para que disfrutara de la compañía de mis amigos. Llena de emoción, saqué mi reproductor de casetes y comencé a escucharla. Mi amiga Beth había llevado una grabadora a todos los lugares a donde había ido en el último mes. Todos los días, mientras conducía hacia su trabajo, me hablaba en sus grabaciones. Cuando todos nuestros amigos iban a cenar, ella llevaba la grabadora y los hacía compartir historias divertidas. Era mejor que una carta o que un correo electrónico, porque en el casete podía escuchar sus voces y la forma en que interactuaban entre sí. Mis ojos se llenaron de lágrimas y el gozo llenó mi corazón cuando volví a darme cuenta de la fidelidad de mis amigos. Ellos no se habían olvidado de mí; de hecho, ¡mi amiga Beth había estado hablando conmigo todos los días!

De forma similar, algunas veces es muy fácil para nosotros dudar de la fidelidad de Dios. Ocasionalmente parece distante, y nos preguntamos: *¿Realmente a Él le importa? ¿Se ha olvidado de mí? ¿Mis preocupaciones le conciernen?* La buena noticia para nosotras hoy es que incluso en nuestra falta de fidelidad, Dios permanece fiel. En 2 de Timoteo 2:13 Dios promete: "Si somos infieles, Él sigue siendo fiel, ya que no puede negarse a sí mismo". Comience su estudio pidiéndole a Dios que se reúna con usted y la llene de gozo con el recuerdo de su permanente fidelidad.

1. Lea los siguientes versículos:

"Él es la Roca, sus obras son perfectas, y todos sus caminos son justos. Dios es fiel; no practica la injusticia. Él es recto y justo" (**Dt. 32:4**).

"La palabra del Señor es justa; fieles son todas sus obras" (**Sal. 33:4**).

"Que Dios mismo, el Dios de paz, los santifique por completo, y conserve todo su ser: espíritu, alma y cuerpo; irreprochable para la venida de nuestro Señor Jesucristo. El que los llama es fiel, y así lo hará" (**1 Tes. 5:23–24**).

  a. Anote todo lo que aprenda sobre Dios en estos versículos.

  b. Al leer estos versículos, ¿cómo definiría usted la fidelidad de Dios?

2. Las promesas que Dios nos ha hecho depender de la integridad de su fidelidad, para cumplir completamente con todo lo que Él ha dicho que hará. Describa una ocasión en la que usted haya presenciado la fidelidad de Dios en las promesas que le hizo. ¿Cuáles de las promesas que aparecen en su Palabra le confieren un alivio particular en los momentos difíciles?

Hebreos 10:23 nos instruye: "Mantengamos firme la esperanza que profesamos, porque fiel es el que hizo la promesa". Todo lo que Dios ha prometido, ocurrirá. Mientras creamos en esta verdad, le respondemos con fidelidad a Dios.

La parábola que veremos a continuación explica la importancia de ser fieles en cualquier cosa que Dios nos haya confiado.

3. Lea **Mateo 25:14–15, 19–30**.

"El Reino de los cielos será también como un hombre que, al
emprender un viaje, llamó a sus siervos y les encargó sus bienes.
A uno le dio cinco mil monedas de oro, a otro dos mil y a
otro solo mil, a cada uno según su capacidad. Luego se fue de
viaje. [...] Después de mucho tiempo volvió el señor de aquellos siervos y arregló cuentas con ellos. El que había recibido
las cinco mil monedas llegó con las otras cinco mil. 'Señor —
dijo—, usted me encargó cinco mil monedas. Mire, he ganado
otras cinco mil'. Su señor le respondió: '¡Hiciste bien, siervo
bueno y fiel! En lo poco has sido fiel; te pondré a cargo de
mucho más. ¡Ven a compartir la felicidad de tu señor!'. Llegó
también el que recibió dos mil monedas. 'Señor —informó—,
usted me encargó dos mil monedas. Mire, he ganado otras dos
mil'. Su señor le respondió: '¡Hiciste bien, siervo bueno y fiel!
Has sido fiel en lo poco; te pondré a cargo de mucho más. ¡Ven
a compartir la felicidad de tu señor!'. Después llegó el que había
recibido solo mil monedas. 'Señor —explicó—, yo sabía que
usted es un hombre duro, que cosecha donde no ha sembrado
y recoge donde no ha esparcido. Así que tuve miedo, y fui y es-
condí su dinero en la tierra. Mire, aquí tiene lo que es suyo'.
Pero su señor le contestó: '¡Siervo malo y perezoso! ¿Así que sa-
bías que cosecho donde no he sembrado y recojo donde no he
esparcido? Pues debías haber depositado mi dinero en el banco,
para que a mi regreso lo hubiera recibido con intereses. Quítenle
las mil monedas y dénselas al que tiene las diez mil. Porque a
todo el que tiene, se le dará más, y tendrá en abundancia. Al
que no tiene se le quitará hasta lo que tiene. Y a ese siervo inútil
échenlo afuera, a la oscuridad, donde habrá llanto y rechinar de
dientes—".

a. ¿Cómo el señor decidió confiar los talentos a cada siervo?

b. ¿Cómo respondió cada siervo por los talentos que se le
   confiaron?

c. ¿Cuáles siervos fueron descritos como fieles? ¿Cómo fueron recompensados?

d. ¿Cuál siervo no fue fiel? ¿Cómo fue castigado?

4. Piense en lo que el Señor le ha confiado: su familia, su dinero, sus recursos, su inteligencia, su tiempo, sus dones y sus habilidades. ¿Está usted sirviendo fielmente como custodio de esas cosas? ¿Cómo podría usted ser más fiel con las cosas que Él le confió?

Dios nos ha confiado nuestros hijos a cada una de nosotras. Tenemos que atenderlos y preocuparnos fielmente por ellos, tal y como el Señor nos atiende y se preocupa fielmente por nosotros. La mayoría de las madres que conozco ejemplifican esta virtud. Leen libros, son voluntarias en actividades escolares, hacen transporte y cada día les proveen a sus hijos. Es reconfortante pensar que mientras cuidamos de nuestras familias, el Señor ve nuestros esfuerzos y se complace con nuestra fidelidad. También es tranquilizador recordar que mientras cuidamos a nuestra familia, Él fielmente se está haciendo cargo de nuestras necesidades.

Así que hoy quiero concluir con una de mis imágenes favoritas del gentil cuidado que Dios le dispensa a su pueblo. Deleitémonos en estas alentadoras palabras del Salmo 121:

"A las montañas levanto mis ojos; ¿de dónde ha de venir mi ayuda? Mi ayuda proviene del Señor, creador del cielo y de la tierra. No permitirá que tu pie resbale; jamás duerme el que te cuida. Jamás duerme ni se adormece el que cuida de Israel. El Señor es quien te cuida, el Señor es tu sombra protectora. De día el sol no te hará daño, ni la luna de noche. El Señor te protegerá; de todo mal protegerá tu vida. El Señor te cuidará en el hogar y en el camino, desde ahora y para siempre".

Día 3

Hace unos años algunos amigos me convencieron de correr medio maratón. Aunque disfruto practicar deportes y estar activa, no me considero una atleta. Hasta ese momento, la carrera más larga que había completado era una de cinco kilómetros. Meses antes de la competencia, comenzamos un programa de entrenamiento que consistía en dos carreras cortas y una carrera larga a la semana. Todos los sábados en la mañana nos reuníamos para realizar nuestra carrera larga. Cada semana le agregábamos distancia, y poco a poco, con el tiempo, nos preparamos para correr doce millas.

El día de la carrera, mis amigos y yo nos pusimos emocionados en nuestras marcas y arrancamos. Corrimos durante dos horas y al final aún me sentía perfectamente bien. La disciplina de esos meses de entrenamiento me permitió correr la carrera con libertad. Anteriormente, les habría dicho que nunca podría correr media maratón. Posteriormente me di cuenta que lo único que necesitaba era el entrenamiento adecuado.

De forma parecida, el Señor nos disciplina por nuestro bien, para que podamos correr la carrera de la fe, libres del pecado que tan fácilmente nos complica. Como hijos de Dios, ya no seremos juzgados porque todo el castigo que merecíamos fue puesto sobre Cristo. Isaías 53:5 nos dice: "Él fue traspasado por nuestras rebeliones, y molido por nuestras iniquidades; sobre Él recayó el castigo, precio de nuestra paz, y gracias a sus heridas fuimos sanados". Aunque no estemos más bajo el juicio de Dios, Él paternalmente nos corrige.

Hoy estudiaremos las Escrituras para comprender la disciplina de Dios para con nosotros. De esta forma podemos ganar sabiduría para entrenar a nuestros propios hijos. Comience orando, pidiéndole a Dios sabiduría y comprensión en estos pasajes.

1. Lea los siguientes versículos, anotando debajo de cada uno lo que aprenda sobre la disciplina de Dios para sus hijos.

a. **Deuteronomio 8:5.** "Reconoce en tu corazón que, así como un padre disciplina a su hijo, también el Señor tu Dios te disciplina a ti".

b. **Job 5:17.** "¡Cuán dichoso es el hombre a quien Dios corrige! No menosprecies la disciplina del Todopoderoso".

c. **Hebreos 12:7–11.** "Lo que soportan es para su disciplina, pues Dios los está tratando como a hijos. ¿Qué hijo hay a quien el padre no disciplina? Si a ustedes se les deja sin la disciplina que todos reciben, entonces son bastardos y no hijos legítimos. Después de todo, aunque nuestros padres humanos nos disciplinaban, los respetábamos. ¿No hemos de someternos, con mayor razón, al Padre de los espíritus, para que vivamos? En efecto, nuestros padres nos disciplinaban por un breve tiempo, como mejor les parecía; pero Dios lo hace para nuestro bien, a fin de que participemos de su santidad. Ciertamente, ninguna disciplina, en el momento de recibirla, parece agradable, sino más bien penosa; sin embargo, después produce una cosecha de justicia y paz para quienes han sido entrenados por ella".

d. **Apocalipsis 3:19.** "Yo reprendo y disciplino a todos los que amo. Por lo tanto, sé fervoroso y arrepiéntete".

2. ¿Por qué la disciplina del Señor es una manifestación de su amor hacia nosotros?

3. ¿Qué bendiciones provienen de la disciplina del Señor?

4. Describa una oportunidad en la que la corrección del Señor fue una bendición para su vida.

El Señor trabaja en nosotros como un jardinero, arranca fielmente de nuestros corazones las malas hierbas del pecado para producir una cosecha de rectitud y paz. Él sabe que no podemos florecer lejos de su Palabra y que necesitamos ser podados regularmente para dar más frutos. Pero ese proceso de podado puede ser doloroso. Tendemos a resistirnos a su corrección y nos empeñamos en seguir nuestra propia dirección. Nos inclinamos a creer que sus mandamientos son muy difíciles, restrictivos y poco amorosos. Los siguientes versículos destacan la imprudencia de vivir lejos de Dios.

5. Lea los siguientes versículos, y anote en las columnas que se proporcionan todo lo que aprenda sobre aquel que acata la corrección y aquel que ignora la disciplina. La primera es un ejemplo.

"El temor del Señor es el principio del conocimiento; los necios desprecian la sabiduría y la disciplina" (Pr. 1:7).

"Nuestros caminos están a la vista del Señor; Él examina todas nuestras sendas. Al malvado lo atrapan sus malas obras; las cuerdas de su pecado lo aprisionan. Morirá por su falta de disciplina; perecerá por su gran insensatez" (Pr. 5:21–23).

"El que atiende a la corrección va camino a la vida; el que la rechaza se pierde" (Pr. 10:17).

"El que ama la disciplina ama el conocimiento, pero el que la aborrece es un necio" (Pr. 12:1).

El que desprecia a la disciplina sufre pobreza y deshonra; el que atiende a la corrección recibe grandes honores" (Pr. 13–18).

El que acata la corrección	El que ignora la disciplina
Teme al Señor	*Desprecia la sabiduría*

6. Recuerde algún momento en su niñez en que no obedeció las instrucciones de sus padres. ¿Cuál fue el resultado?

7. ¿De qué manera nuestra falta de disciplina nos hace propensos a hacer que otros se descarríen? ¿Ha seguido usted el ejemplo de algún pecador?

8. ¿De qué manera nuestra falta de disciplina afecta a nuestros hijos?

Thomas Brooks, un pastor de mediados del siglo XVII, nos dejó varias metáforas útiles para cuando enfrentemos tentaciones. Brooks advertía que "el primer mecanismo de Satanás para hundir nuestras almas en el pecado, es presentar la carnada y ocultar el anzuelo; presentar la copa de oro y ocultar el veneno".[16]

¿Con cuánta frecuencia vemos solo lo que queremos ver y dejamos de ver el peligro de nuestros deseos? Cuando la pelota de un niño rueda hacia la calle, él solo quiere recuperarla. No comprende el peligro de los automóviles que pasan a alta velocidad. Como adultos, podemos caer en la misma trampa, dejando de ver el daño que causa una pequeña mentira, un chisme ocasional, o un coqueteo inapropiado con otro hombre. Cuando seguimos nuestros propios deseos, sin escuchar la sabiduría de la palabra de Dios, terminamos cayendo en las redes del pecado.

Como madres, reconocer nuestras propias dificultades para obedecer a Dios nos confiere gracia y entendimiento con nuestros propios hijos cuando tienen dificultades para obedecer nuestras órdenes. Podemos compartir con ellos los dolorosos efectos que hayamos experimentado por la desobediencia. Culmine su estudio de hoy pidiéndole a Dios que le abra los ojos ante cualquier pecado que amenace con instalarse, y pídale la fuerza para obedecerlo fielmente. Luego ore por que pueda tener un corazón tierno y compasivo cuando discipline a sus hijos. Además, ore para que el Señor les dé a sus hijos corazones receptivos y dispuestos a acatar sus amorosas y fieles instrucciones.

Día 4

Yo crecí mirando el programa de televisión *La pequeña casa de la pradera*. Uno de los personajes más antipáticos del programa era la hija del dueño de la tienda, Nellie Oleson. Su adinerada madre le daba todo lo que ella quería, y creía que su hija no podía equivocarse.

Aunque aparentemente la madre estaba actuando bien dándole tantas cosas a su hija, no corregirle sus faltas provocó que la Sra. Oleson tuviera una hija infeliz y malcriada con la que nadie quería estar.

En contraste, Laura, el personaje principal del programa, recibía regularmente correcciones y reprimendas por parte de sus padres. Muchas veces se metía en alguna clase de problema, pero sus padres estaban ahí para disciplinarla fielmente cuando se descarriaba. El resultado no fue una hija perfecta, pero sí alguien con quien otros disfrutaban compartir.

La Biblia nos enseña que amamos activamente a nuestros hijos cuando los disciplinamos. Proverbios 29:17 nos exhorta: "Disciplina a tu hijo, y te traerá tranquilidad; te dará muchas satisfacciones". Comience su estudio de hoy orando a Dios, pidiéndole que le dé sabiduría y comprensión para criar fielmente a sus hijos.

1. Lea los siguientes versículos. Escriba para cada uno de ellos lo que aprenda sobre la crianza de los hijos.

   a. **Efesios 6:4**: "Y ustedes, padres, no hagan enojar a sus hijos, sino críenlos según la disciplina e instrucción del Señor".

b. **Proverbios 22:6**: "Instruye al niño en el camino correcto, y aun en su vejez no lo abandonará".

2. ¿Qué motivos nos dan estos pasajes para instruir a nuestros hijos?

3. ¿De qué maneras está usted criando a sus hijos y enseñándoles lo que es correcto?

4. El Señor le proporciona a su pueblo varios medios para aprender sus caminos. Tenemos la Biblia, los pastores, los maestros de escuela dominical, la comunidad de creyentes, y el Espíritu Santo para fortalecer nuestra fe y ayudarnos a entender los caminos del Señor. ¿Qué variedad de medios está usted proporcionando a sus hijos para aprender sobre el Señor?

Los pasajes que acabamos de leer nos hablan de la necesidad de ser fieles en la crianza de nuestros hijos. Cuando llenamos nuestros corazones con las acciones maravillosas del Señor, les recordamos su bondad. Dándoles buenos ejemplos, les demostramos lo que significa caminar en los caminos que agradan al Señor.

Además, podemos de forma tierna, fiel y amorosa demostrarles a nuestros hijos los efectos dañinos de la desobediencia. Los siguientes versículos hablan sobre nuestra responsabilidad de corregir a nuestros hijos.

5. En cada uno de estos versículos, escriba las razones para disciplinar y las promesas que se nos hacen si somos fieles en la corrección.

   a. **Proverbios 13:24**: "No corregir al hijo es no quererlo; amarlo es disciplinarlo".

   b. **Proverbios 19:18**: "Corrige a tu hijo mientras aún hay esperanza; no te hagas cómplice de su muerte".

   c. **Proverbios 22:15**: "La necedad es parte del corazón juvenil, pero la vara de la disciplina la corrige".

   d. **Proverbios 23:13**: "No dejes de disciplinar al joven, que de unos cuantos azotes no se morirá".

   e. **Proverbios 29:15**: "La vara de la disciplina imparte sabiduría, pero el hijo malcriado avergüenza a su madre".

6. ¿Qué luchas está enfrentando usted al disciplinar a sus hijos? ¿Le gustaría mejorar en este aspecto de la crianza de sus hijos?

7. ¿Por qué nuestros hijos necesitan tanto de instrucción como de corrección? ¿Cómo pueden recibir ambas cosas?

Culmine su estudio de hoy recitándoles Efesios 6:1–3 a sus hijos: "Hijos, obedezcan en el Señor a sus padres, porque esto es justo. Honra a tu padre y a tu madre—que es el primer mandamiento con promesa—para que te vaya bien y disfrutes de una larga vida en la tierra".

Ore para que la enseñanza que usted está derramando en sus corazones caiga en suelo fértil y produzca una cosecha que los bendiga con una vida plena y abundante. Piense en aquellos aspectos en los que sus hijos actualmente se resisten a obedecer. Pídale al Señor sabiduría en la crianza y fidelidad en la corrección. Por su gracia usted podrá disciplinarlos con amorosa bondad, y ellos le responderán con obediencia.

Día 5: Caminemos juntas como madres

"Cuando habla, lo hace con sabiduría; cuando instruye, lo hace con amor".
—Proverbios 31:26

Antes de tener hijos, trabajé en una escuela pública grande, enseñando matemáticas. Un día un estudiante acudió a mí, frustrado por un problema en su clase de ciencias. Jason me contó que sabía que la maestra no se preocupaba realmente por él ni por nadie de su clase. Cuando le pregunté por qué pensaba eso, su respuesta me sorprendió: "Bueno, ella nunca nos enseña nada, y nos deja hacer lo que queramos. Se descontrola toda la clase y ella se sienta en su escritorio, ignorándonos".

Jason tenía la sabiduría para entender que un buen maestro es fiel en educar con amor e instruir a sus estudiantes. Al permitir que la clase se descontrolase, la maestra transmitía que simplemente no le importaba si sus estudiantes aprendían ciencias. Jason salía de su clase sintiendo que realmente no valía la pena el tiempo o el esfuerzo.

He recordado varias veces sus palabras durante la crianza de mis hijos. Muchas veces, es difícil tomarme el tiempo para darles una crianza cuidadosa y una corrección amorosa. Me siento cada vez más cansada de repetir las mismas instrucciones. Disciplinar a mis hijos usualmente interfiere con cualquier cosa que preferiría hacer. Casi nunca es algo práctico. Aun así, sé que amar a mis hijos correctamente incluye tanto enseñarlos como corregirlos fielmente.

Cada hijo necesita diferentes niveles de instrucción y diferentes tipos de corrección. Algunos responden con rapidez y con interés a nuestra disciplina. Otros pueden necesitar muchos años de entrenamiento fiel antes de responder. La nación de Israel no podía haber tenido un mejor "padre" que Dios. Sin embargo, el pueblo despreciaba constantemente su disciplina y no acataba la corrección. En definitiva, solo Dios puede cambiar el corazón de nuestros hijos. Nosotros simplemente fuimos llamados a ser custodios fieles de los hijos que Él nos confió.

Hebreos 12:11 nos recuerda: "Ciertamente, ninguna disciplina, en el momento de recibirla, parece agradable, sino más bien penosa; sin embargo, después produce una cosecha de justicia y paz para quienes han sido entrenados por ella". El Señor es fiel para disciplinar a sus hijos porque quiere que cada uno experimente los beneficios y las bendiciones de la rectitud y la paz. A su vez, nuestra esperanza es que la disciplina conduzca a nuestros hijos a vidas llenas de gozo y de paz.

A través de los años me he dado cuenta de que mis hijos se benefician en gran medida cuando les doy instrucciones reiteradas y proactivas. Cuando eran niños, antes de entrar en una tienda de comestibles, les decía en son de broma: "¿Vamos a actuar como vándalos en esta tienda?". Por supuesto, ellos respondían: "¡NO!". Entonces, yo preguntaba: "¿Qué hace un vándalo en una tienda?". Ellos contestaban todo tipo de cosas: correr por toda la tienda, no escuchar a mamá, pararse en el carrito, pedir dulces, gritar, y cualquier cantidad de ideas absurdas que se les ocurrían.

Todos necesitamos motivación para hacer lo que es bueno, así como necesitamos responder por las consecuencias de hacer lo que es malo. Me encanta descubrir a mis hijos haciendo algo bueno y elogiarlos por eso. Regularmente enseño a niños de cuatro años en la escuela de la iglesia. La forma más rápida de hacer que los niños se sienten tranquilamente, listos para escuchar una historia, es decirles: "¡Miren todos! Me encanta como Sara está sentada tan tranquila, con las manos en su regazo, lista para escuchar la historia". Inmediatamente quince niños más se sientan, con las manos en sus regazos, listos para escuchar.

A todos nos gusta que un jefe vea lo bueno que hacemos y nos elogie, no solo que nos corrija cuando cometemos errores. A los niños, tal como a nosotros, ¡les encanta escuchar afirmaciones positivas! El elogio es una herramienta poderosa. Ayuda a nuestros hijos a saber lo que está bien y al mismo tiempo les dice que nos preocupamos por ellos.

Culmine su estudio de hoy, agradeciéndole a Dios por su fidelidad y bondad para con usted. Pídale que le dé la sabiduría para demostrar estas virtudes a sus hijos. Reflexione en oración en las siguientes preguntas:

- ¿Hay algún aspecto en particular en el que Dios la esté disciplinando en este momento?
- ¿Cómo está respondiendo usted?
- ¿En qué aspectos podría usted ser más fiel al corregir a sus hijos?
- ¿En qué aspectos sería de utilidad animar e instruir a sus hijos? ¿Cómo sería en la práctica?

❧ Semana 10 ❧

Dirija en santidad por medio del ejemplo

Camine en mansedumbre y dominio propio

Día 1

A mí me encanta tomar un bebé recién nacido entre mis brazos. Justo ayer tuve el placer de cargar el nuevo bebé de una amiga y disfrutar de sus manitos y su suave piel. Con reticencia se lo devolví a su madre, quien lo sostuvo amorosamente hasta que se quedó dormido. No se me ocurre una ilustración más perfecta de la dulzura que una madre con su hijo recién nacido en brazos.

Esta semana profundizaremos en dos de las características del Espíritu de Dios que obran en nuestras vidas: la mansedumbre y el dominio propio. Estos atributos funcionan de una manera simbiótica, lo que evita que el dominio propio sea rígido y la mansedumbre, indulgente. Una madre dócil, con dominio propio, dirige su hogar con estructura y libertad, obediencia y gracia. Hoy comenzaremos observando la dulzura de Dios para con sus hijos.

1. Lea los siguientes versículos y subraye lo que aprenda sobre la mansedumbre de Dios.

   "Como un pastor que cuida su rebaño, recoge los corderos en sus brazos; los lleva junto a su pecho, y guía con cuidado a las recién paridas" (**Is. 40:11**).

   "Vengan a mí todos ustedes que están cansados y agobiados, y yo les daré descanso. Carguen con mi yugo y aprendan de mí, pues yo soy apacible y humilde de corazón, y encontrarán descanso para su alma" (**Mt. 11:28–29**).

   "Puede tratar con paciencia a los ignorantes y extraviados, ya que él mismo está sujeto a las debilidades humanas" (**Hch. 5:2**)

2. Estos versículos me hacen pensar en un niño que corre hacia su madre con una rodilla raspada, o triste porque alguien ha herido sus sentimientos. En su dolor, la persona que él más quiere es la única persona que él conoce que curará sus heridas con delicadeza. ¿Se siente usted libre de llevarle sus cargas y luchas a Dios? ¿Cree usted que Él lo atenderá con ternura y bondad? ¿Por qué o por qué no?

3. ¿En qué aspectos de su vida le emociona saber que Dios cuida de usted con dulzura?

Tómese un instante para aprehender estas verdades: Dios nos toma entre sus brazos y nos sostiene junto a su corazón. Él quiere que le confiemos nuestros problemas. Él nos promete descanso para nuestras almas. Dios no es un Dios distante y lejano, Él está profundamente involucrado en cada momento de nuestras vidas. Así como una madre sostiene a su hijo con ternura, Él nos sostiene a nosotros.

4. La dulzura de Dios nos permite sobreabundar en dulzura para con nuestros semejantes. Lea los siguientes versículos, subrayando las maneras específicas en las que debemos ser amables con los demás.

a. 1 Pedro 3:15–16

"Más bien, honren en su corazón a Cristo como Señor. Estén siempre preparados para responder a todo el que les pida razón de la esperanza que hay en ustedes. Pero háganlo con gentileza y respeto, manteniendo la conciencia limpia, para que los que hablan mal de la buena conducta de ustedes en Cristo, se avergüencen de sus calumnias".

b. Efesios 4:2

"Siempre humildes y amables, pacientes, tolerantes unos con otros en amor".

c. 2 Timoteo 2:24-26

"Un siervo del Señor no debe andar peleando; más bien, debe ser amable con todos, capaz de enseñar y no propenso a irritarse. Así, humildemente, debe corregir a los adversarios, con la esperanza de que Dios les conceda el arrepentimiento para conocer la verdad, de modo que se despierten y escapen de la trampa en que el diablo los tiene cautivos, sumisos a su voluntad".

d. Gálatas 6:1

"Hermanos, si alguien es sorprendido en pecado, ustedes que son espirituales deben restaurarlo con una actitud humilde. Pero cuídese cada uno, porque también puede ser tentado".

5. La bondad de Dios para con nosotros nos permite demostrar bondad cuando compartimos nuestra fe, nos instruye, y nos ayuda a enfrentar el pecado. ¿Por qué cree usted que es tan importante ser bondadosos en estos aspectos?

6. ¿De qué maneras puede usted instruir y corregir a sus hijos con dulzura el día de hoy?

7. ¿Por qué la humildad debe formar parte de la dulzura? ¿Por qué este fruto del Espíritu es tan importante en nuestras vidas?

Mis hijos con frecuencia se me acercan con astillas en las manos o los pies. Luego de buscar mis pinzas, observo la astilla cuidadosamente bajo la luz, tratando de identificar el punto correcto para extraerla de su piel. Cuando una pequeña parte de la astilla se asoma, la presiono con las pinzas y la extraigo lentamente. Se escucha un grito de alegría cuando el objeto doloroso es finalmente extraído.

Siempre trato de extraer las astillas con suavidad y paciencia, sabiendo la incomodidad que todo el proceso conlleva. Es necesario confiar mucho en alguien para permitirle toquetear una herida reciente. De forma similar, corregir el mal comportamiento de nuestro hijo requiere dulzura. Cuando toqueteamos los lugares pecaminosos de su corazón, debemos pensar en cómo quisiéramos que otros hicieran lo mismo con nosotros. Una perspectiva humilde nos da la base de dulzura que necesitamos para poder corregir a nuestros hijos con delicadeza.

Para cerrar el estudio del día de hoy, medite nuevamente en las palabras de Isaías 40:11, en donde Dios promete guiar con dulzura a todas las recién paridas. Estas palabras me han dado esperanza y ánimo durante mis años como madre. La certeza de que Dios me guía con dulzura es garantía de que puedo llevarle mis cargas, mis fracasos y mi cansancio libremente. Él me recibe tal como soy.

Orémosle a Dios ahora, sabiendo que Él nos recibe con dulzura y comprensión.

Día 2

En este momento en que escribo, nos estamos preparando para celebrar el Día de Acción de Gracias. Ya estoy pensando en el relleno de mi madre. Con ese relleno y la salsa, se podría preparar una comida entera. Pero además habrá puré de papas, una cacerola de brócoli, un pavo enorme, pastel de caramelo, pastel de pacanas y panecillos caseros. No puedo esperar.

Por la gracia de Dios, en medio de mis reflexiones gastronómicas, nuestra lección del día de hoy versará sobre la virtud del dominio propio. Es necesario tener una alta dosis de dominio propio para evitar los efectos dolorosos que trae poseer mucho de algo en el Día de Acción de Gracias. Afortunadamente, el dominio propio proviene del Espíritu de Dios que obra en nuestros corazones, no de nuestra propia fuerza. Por su poder podemos combatir la tentación de abusar, incluso del delicioso relleno de mi madre.

El dominio propio es imprescindible para poder amar a nuestras familias correctamente. Para poder demostrar fidelidad, paciencia o dulzura a nuestros hijos, necesitamos dominio propio. También lo necesitamos para combatir la tentación. El dominio propio es la virtud que nos permite resistir nuestros malos deseos y escoger lo que es correcto. Nadie ejemplificó mejor esta virtud que Cristo cuando enfrentó al diablo en el desierto. Hoy comenzaremos observando su ejemplo de dominio propio, para adquirir sabiduría de su ejemplo.

1. Lea **Mateo 4:1–11.**

"Luego el Espíritu llevó a Jesús al desierto para que el diablo lo sometiera a tentación. Después de ayunar cuarenta días y cuarenta noches, tuvo hambre. El tentador se le acercó y le propuso: 'Si eres el Hijo de Dios, ordena a estas piedras que se conviertan en pan'. Jesús le respondió: 'Escrito está: No solo de pan vive el hombre, sino de toda palabra que sale de la boca de Dios'. Luego el diablo lo llevó a la ciudad santa e hizo que se pusiera de pie sobre la parte más alta del templo, y le dijo: 'Si eres el Hijo de Dios, tírate abajo. Porque escrito está: Ordenará que sus ángeles te sostengan en sus manos, para que no tropieces con piedra alguna'. 'También está escrito: No pongas a prueba al Señor tu Dios', le contestó Jesús. De nuevo lo tentó el diablo, llevándolo a una montaña muy alta, y le mostró todos los reinos del mundo y su esplendor. 'Todo esto te daré si te postras y me adoras'. '¡Vete, Satanás! —le dijo Jesús—. Porque escrito está: Adora al Señor tu Dios y sírvele solamente a él'. Entonces el diablo lo dejó, y unos ángeles acudieron a servirle".

a. ¿Cómo Jesús demostró autocontrol antes de la tentación? ¿Qué estaba haciendo antes de ser tentado?

b. ¿Cómo el diablo utilizó esta situación específica para tentar a Jesús?

c. ¿Cómo respondió Jesús a la primera tentación del diablo?

d. ¿Cuál fue la segunda tentación? ¿Por qué es significativo que el diablo utilizara las Escrituras para tentar a Jesús?

e. ¿Cómo respondió Jesús?

f. ¿Cuál fue la tercera tentación?

g. ¿Cómo respondió Jesús?

2. Es importante notar que Satanás tentó a Jesús con cosas buenas. El pan de cada día, una prueba de que Él era el Hijo de Dios, y los reinos de la tierra, todas fueron cosas buenas que Jesús podría desear. Sin embargo, Satanás toma lo que es bueno y nos tienta para que lo utilicemos con el propósito equivocado. ¿Cuáles son las cosas buenas de su vida con las cuales debe tener dominio propio?

3. Observe el método que tiene Jesús para resistir al diablo. A cada tentación, él le respondió con una verdad de las Escrituras. ¿Cuál es el papel que tiene el dominio propio antes de enfrentar la tentación, para tener la capacidad de responder de esta manera?

4. Piense en un aspecto en el cual tenga problemas con la tentación. ¿Hay algún versículo que usted pueda memorizar que la pueda ayudar en esa batalla en particular? Si es así, escríbalo en la parte inferior. Si no puede pensar en uno, pregúntele a alguien de confianza que le ayude a encontrarlo.

5. ¿Hay algún aspecto específico en el cual su hijo tiene problemas para demostrar dominio propio? ¿Cuál versículo puede compartir con su hijo, que puede ayudarle el día de hoy?

Jesús respondió a cada uno de los ataques de Satanás con la frase "escrito está", seguida de una de las verdades de la Palabra de Dios. Armarnos con las verdades de las Escrituras nos preparará para los ataques del enemigo. Así como les advertimos a nuestros hijos que no hablen con extraños, que tengan cuidado al cruzar la calle o al nadar en el mar, debemos advertirles sobre los ataques de Satanás. La mejor manera de preparar a nuestros hijos es llenar sus mentes con la verdad.

Lea 1 Pedro 5:8.

> "Practiquen el dominio propio y manténganse alerta. Su enemigo el diablo ronda como león rugiente, buscando a quién devorar".

6. ¿Por qué Pedro nos dice que debemos tener dominio propio?

Así como Satanás atacó a Jesús, ronda por la tierra buscando destruir nuestras vidas con sus mentiras. Se necesita dominio propio y estar alertas para resistir la tentación. Afortunadamente, Jesús demostró perfecto dominio propio cuando luchó contra Satanás. Por el poder de su Espíritu obrando en nuestros corazones, podemos seguir su ejemplo. Un versículo útil para que toda la familia lo memorice es 1 Corintios 10:13:

> "Ustedes no han sufrido ninguna tentación que no sea común al género humano. Pero Dios es fiel, y no permitirá que ustedes sean tentados más allá de lo que puedan aguantar. Más bien, cuando llegue la tentación, Él les dará también una salida a fin de que puedan resistir".

La animo a escribir este versículo en una tarjeta y colocarla cerca del fregadero o en el automóvil, para que a menudo recuerde recitar estas palabras en oración por usted y su familia.

También puede animarnos el hecho de que, al Jesús haber enfrentado la tentación, puede identificarse con nuestros problemas de dominio propio. Sea que usted tenga problemas para controlar sus pensamientos, su manera de hablar, sus hábitos, la selección de sus alimentos, o cualquier otra cosa, Jesús la entiende. Termine su estudio de hoy pidiéndole ayuda a Dios, recordando estas palabras alentadoras del libro de Hebreos:

> "Porque no tenemos un sumo sacerdote incapaz de compadecerse de nuestras debilidades, sino uno que ha sido tentado en todo de la misma manera que nosotros, aunque sin pecado. Así que acerquémonos confiadamente al trono de la gracia para recibir misericordia y hallar la gracia que nos ayude en el momento que más la necesitemos" (4:15–16).

Día 3

Hasta ahora, esta semana hemos observado la dulzura de Dios por su gente y el dominio propio de Jesús cuando enfrentó la tentación. Hoy veremos que Dios es la fuente de este fruto en nuestras vidas. Comience orando, pidiéndole a Dios que le dé sabiduría y comprensión mientras estudia el día de hoy.

1. Lea **1 Pedro 1:13–16**.

> "Por eso, dispónganse para actuar con inteligencia; tengan dominio propio; pongan su esperanza completamente en la gracia que se les dará cuando se revele Jesucristo. Como hijos obedientes, no se amolden a los malos deseos que tenían antes, cuando vivían en la ignorancia. Más bien, sean ustedes santos en todo lo que hagan, como también es santo quien los llamó; pues está escrito: Sean santos, porque yo soy santo".

   a. ¿Por qué debemos prepararnos mentalmente para tener dominio propio?

184 Dirija en santidad por medio del ejemplo

b. ¿Cuáles son algunas de las cosas en las cuales usualmente ponemos nuestras esperanzas? De acuerdo con este versículo, ¿en qué debemos poner nuestras esperanzas?

c. ¿Cómo el poner nuestras esperanzas en la misericordia futura nos ayuda a demostrar dominio propio?

d. Como madre, ¿en qué aspecto necesita preparar su mente antes de actuar? ¿Qué pasos debe seguir en ese particular para prepararse mejor cuando llegan los retos?

Después de dar a luz a cada uno de mis hijos, perdí la mayoría del peso que había ganado en el embarazo cuidando a mis hijos y ejercitándome. Pero siempre era un reto perder las últimas cinco libras. ¡Cómo odiaba esas últimas cinco libras! Era la cantidad de peso perfecta para evitar que la ropa me quedara bien. Me di cuenta de que necesitaba un plan si quería volver a utilizar de nuevo mi antigua ropa.

Decidí seguir un diario de alimentación, escribiendo todo lo que comía y llevando un registro de mis ejercicios. Después de unos meses de registro puntual, regresé a mi peso normal y pude volver a utilizar mi ropa, sin llorar de frustración. Aunque suena simple, si usted alguna vez ha tratado de perder peso, sabe el dominio propio que se necesita para estar consciente de cada comida.

Pedro nos enseña que debemos comenzar la batalla en nuestras mentes en cada una de las cosas en las que tenemos problemas de dominio propio. Una evaluación cuidadosa nos permite formular un plan de ataque y programar nuestra mente en una recompensa futura: un tiempo en el cual Jesús regresa y hace todas las cosas nuevas. Él marcará una nueva era en un Reino en el cual no hay dolor, muerte, duelo ni lágrimas. Cuando luchamos contra el pecado y deseamos vencer la tentación, podemos confiar en lo que vendrá. Saber que el cielo nos espera, nos ayuda a ser fieles en el presente.

Mientras nuestros hijos luchan con sus problemas de dominio

propio, podemos ayudarlos a preparar su mente para actuar y poner su esperanza en la recompensa futura. Aunque el cielo es la recompensa final, los niños normalmente aprenden mejor estos conceptos a través de incentivos tangibles. El objetivo es ayudarlos a entender estos principios de formas concretas, para que puedan aplicar estas lecciones a sus recompensas espirituales en el futuro.

El verano pasado, al ver que mis hijos se estaban cansando de hacer sus tareas domésticas y tenían problemas para tolerarse unos a otros, me di cuenta de que necesitaba un plan mejor, así que preparé un frasco de monedas. Les expliqué que cada vez que los viera actuando de forma amorosa, dulce o amable, colocaría una moneda en el frasco. Si los veía peleando, quejándose o comportándose de forma irrespetuosa, sacaría una moneda del frasco. Cuando entre todos alcanzaran setenta y cinco monedas, lo celebraríamos con helados. La naturaleza colaborativa de la recompensa cambió la forma en que se relacionaban entre ellos. Se dieron cuenta de que no estaban compitiendo unos con otros y comenzaron a trabajar juntos. Era maravilloso escuchar a mis hijos diciéndole al otro que hiciera su cama, limpiara su habitación y dejara de pelear. Un plan de acción y una recompensa futura los alentaron en la gracia del dominio propio.

2. Lea **2 Pedro 1:3–8**.

> "Su divino poder, al darnos el conocimiento de aquel que nos llamó por su propia gloria y potencia, nos ha concedido todas las cosas que necesitamos para vivir como Dios manda. Así Dios nos ha entregado sus preciosas y magníficas promesas para que ustedes, luego de escapar de la corrupción que hay en el mundo debido a los malos deseos, lleguen a tener parte en la naturaleza divina. Precisamente por eso, esfuércense por añadir a su fe, virtud; a su virtud, entendimiento; al entendimiento, dominio propio; al dominio propio, constancia; a la constancia, devoción a Dios; a la devoción a Dios, afecto fraternal; y al afecto fraternal, amor. Porque estas cualidades, si abundan en ustedes, les harán crecer en el conocimiento de nuestro Señor Jesucristo, y evitarán que sean inútiles e improductivos".

a. ¿Cuál es la fuente de todo lo que necesitamos para la vida y la santidad?

b. ¿Qué nos ha dado Dios para ayudarnos a escapar de la corrupción del mundo?

c. Pedro enumera una progresión de gracias que podemos añadir a la fe: virtud, entendimiento, dominio propio, constancia, devoción, afecto fraternal y amor. ¿Por qué razones desea él que sus lectores desarrollen estas cualidades?

d. ¿Cómo las promesas de Dios nos ayudan a escapar de la corrupción del mundo?

e. ¿Por qué el dominio propio requiere amabilidad, gentileza y amor? Si una madre tiene un gran dominio propio, pero le falta amabilidad y dulzura hacia sus hijos, ¿cuáles serán los resultados?

El poder divino de Dios es nuestra fuente de dominio propio. Él nos ha dado todo lo que necesitamos. Por lo tanto, Dios nos ordena que pongamos todo de nuestra parte para crecer en la gracia. Esta verdad nos da grandes esperanzas de que podemos ser las madres amorosas, alegres, pacíficas, pacientes, amables, buenas, fieles, gentiles y controladas que deseamos ser. Conocer a Jesús y aferrarnos a sus promesas nos permite vivir en la libertad de su gracia.

También podemos alentar a nuestros hijos para que oren específicamente por dominio propio en esos aspectos problemáticos. Al hacerlo, les enseñamos que Dios, y no su propia fuerza o poder de voluntad, es la fuente del poder para crecer en santidad. Debemos animarlos para que se aferren de la gracia que les pertenece en Cristo. Finalice su estudio de hoy pidiéndole a Dios que bendiga a su familia con dominio propio.

Día 4

Somos llamados a ser imitadores de Dios porque somos sus hijos. Cuanto más nos parezcamos a Jesús, más probable será que nuestros hijos imiten nuestro comportamiento. Nuestras vidas son la primera imagen que ellos tendrán de lo que significa ser cristiano. Es una tarea y una responsabilidad inquietante, que requiere el poder y la gracia de Dios. Hoy reflexionaremos en la importancia de crecer en gentileza y caminar con dominio propio en algunos aspectos en particular. Comience su estudio pidiéndole a Dios que le dé sabiduría y comprensión de su Palabra.

1. Lea los siguientes versículos.

> "Tampoco hemos buscado honores de nadie; ni de ustedes ni de otros. Aunque como apóstoles de Cristo hubiéramos podido ser exigentes con ustedes, los tratamos con delicadeza. Como una madre que amamanta y cuida a sus hijos, así nosotros, por el cariño que les tenemos, nos deleitamos en compartir con ustedes no solo el evangelio de Dios sino también nuestra vida. ¡Tanto llegamos a quererlos! Recordarán, hermanos, nuestros esfuerzos y fatigas para proclamarles el evangelio de Dios, y cómo trabajamos día y noche para no serles una carga. Dios y ustedes me son testigos de que nos comportamos con ustedes los creyentes en una forma santa, justa e irreprochable. Saben también que a cada uno de ustedes lo hemos tratado como trata un padre a sus propios hijos. Los hemos animado, consolado y exhortado a llevar una vida digna de Dios, que los llama a su Reino y a su gloria" (1 Tes. 2:6–12).

> "Que la belleza de ustedes no sea la externa, que consiste en adornos tales como peinados ostentosos, joyas de oro y vestidos lujosos. Que su belleza sea más bien la incorruptible, la que procede de lo íntimo del corazón y consiste en un espíritu suave y apacible. Esta sí que tiene mucho valor delante de Dios. Así se

adornaban en tiempos antiguos las santas mujeres que esperaban
en Dios, cada una sumisa a su esposo" (1 P. 3:3–5).

a. ¿Qué aprendió sobre la apacibilidad en estos pasajes?

b. Pablo describió la apacibilidad cuando enseñaba el evangelio a los tesalonicenses. ¿Por qué la apacibilidad es importante cuando enseñamos a nuestros hijos?

c. ¿Qué significa tener un espíritu suave y apacible? ¿Conoce a alguien a quien podría describir de esa manera?
¿Por qué?

Una tarde, acababa de arreglarme para ir una fiesta cuando mi hijo
entró al baño agarrando su cobija en una mano y chupándose el dedo
de la otra mano. Me miró con sus grandes ojos y se sacó el dedo de la
boca el tiempo suficiente para decir: "Te ves muy linda, mami". Para
ser honesta, nunca me sentí más hermosa en toda mi vida.

Pero la belleza de mi atractivo vestuario, maquillaje y zapatos de
tacón se desvaneció con la misma rapidez con la que la carroza de
Cenicienta se convirtió en calabaza. A la mañana siguiente, ya estaba
otra vez en ropa de ejercicio y zapatos deportivos, y solo me quedaba
algunos rastros de maquillaje de la noche anterior.

Aunque no hay nada de malo en vestirse para salir una noche o
en tratar de lucir atractiva, a veces sentimos una presión intensa para
vivir dentro de los estándares culturales de la belleza. ¿Cuál fue la última vez que leyó una revista que la exhortara a confiar en Dios como
un medio para convertirse en una mujer más hermosa para su esposo?
Es extremadamente difícil buscar la belleza que no se desvanece en un
mundo cada vez más obsesionado con la belleza exterior.

Esa belleza siempre es temporal. Con el paso de los años, nuestra
piel se arruga, y nuestros cuerpos dejan de ser tan firmes como solían
ser. Sin embargo, las mujeres más atractivas que conozco brillan con la

verdadera belleza de un espíritu suave y apacible. No es su apariencia exterior, sino su brillo interno lo que irradia calidez a los demás. Esas mujeres son más hermosas con cada año que pasa. Cuanto más se acercan a la gloria, brillan cada vez más con la gloria de Dios.

Yo quiero tener esa clase de belleza. La buena noticia es que está disponible (independientemente de nuestra talla, forma o color de cabello), ¡y es gratis! La obtenemos al pasar tiempo con el Señor, esperando en sus promesas y dirigiendo nuestros esfuerzos hacia el crecimiento de nuestra gracia.

Para finalizar nuestro estudio de hoy, me gustaría examinar un pasaje que resalta cuatro aspectos específicos en los cuales debemos demostrar control propio para dar el ejemplo para nuestros hijos.

2. Lea **Efesios 5:1–7, 15–20**.

"Por tanto, imiten a Dios, como hijos muy amados, y lleven una vida de amor, así como Cristo nos amó y se entregó por nosotros como ofrenda y sacrificio fragante para Dios. Entre ustedes ni siquiera debe mencionarse la inmoralidad sexual, ni ninguna clase de impureza o de avaricia, porque eso no es propio del pueblo santo de Dios. Tampoco debe haber palabras indecentes, conversaciones necias ni chistes groseros, todo lo cual está fuera de lugar; haya más bien acción de gracias. Porque pueden estar seguros de que nadie que sea avaro (es decir, idólatra), inmoral o impuro tendrá herencia en el Reino de Cristo y de Dios. Que nadie los engañe con argumentaciones vanas, porque por esto viene el castigo de Dios sobre los que viven en la desobediencia. Así que no se hagan cómplices de ellos. [...] Así que tengan cuidado de su manera de vivir. No vivan como necios sino como sabios, aprovechando al máximo cada momento oportuno, porque los días son malos. Por tanto, no sean insensatos, sino entiendan cuál es la voluntad del Señor. No se emborrachen con vino, que lleva al desenfreno. Al contrario, sean llenos del Espíritu. Anímense unos a otros con salmos, himnos y canciones espirituales. Canten y alaben al Señor con el corazón, dando siempre gracias a Dios el Padre por todo, en el nombre de nuestro Señor Jesucristo".

a. ¿Por qué debemos ser imitadores de Dios?

b. Enumere todas las cosas que se nos manda a *no* hacer en este pasaje.

c. Enumere todas las cosas que se nos manda a hacer en este pasaje.

3. El pasaje de Efesios habla de cuatro dones particulares que Dios le da a su pueblo. Sin la gracia del dominio propio, estas bendiciones se convierten en idolatría o pecado. Por cada cosa, note cómo el texto explica que estas se pueden convertir en pecado sin dominio propio:

a. Intimidad sexual

b. Dinero

c. Habla

d. Alcohol

4. ¿En cuál de estos cuatro aspectos, si existe alguno, necesita practicar un mayor dominio propio? ¿Qué le parecería practicar dominio propio en ese aspecto?

5. ¿Por qué es tan importante para nosotros demostrarles a nuestros hijos nuestro dominio propio en esos aspectos?

6. Al principio de esta semana hablamos de la mansedumbre y el dominio propio de Jesús. ¿Por qué es importante que un creyente incluya estos dos tributos en su vida?

7. Según su experiencia, ¿por qué es especialmente importante para nosotros ser amables con nuestros hijos para ayudarlos a desarrollar dominio propio?

Finalice su tiempo de estudio de hoy pensando de qué manera podría ser más cuidadoso y controlado en su fe. A menudo somos vulnerables a los ataques espirituales porque olvidamos que estamos lidiando una batalla contra tres frentes: el mundo, la carne y el diablo. El mundo intenta conformarnos a la imagen de la sociedad, mientras que Dios quiere conformarnos a la imagen de su Hijo. La carne quiere que el yo se gratifique a cualquier costo, mientras que Dios quiere que muramos al yo, para que podamos hallar vida abundante. El diablo ronda, buscando a quien devorar, mientras que Cristo nos llama: "Vengan a mí todos ustedes que están cansados y agobiados, y yo les daré descanso" (Mt. 11:28).

En cada esquina el enemigo de nuestra fe busca robar, matar y destruir. Cristo ha venido para que tengamos vida y la tengamos en abundancia. Búsquelo en oración, aferrándose a la gracia que le pertenece y pidiendo la fe que sobreabunda en una vida de mansedumbre y dominio propio.

Día 5: Caminemos juntas como madres

"Como ciudad sin defensa y sin murallas es quien no sabe dominarse".
—Proverbios 25:28

Así como una ciudad sin murallas está desprotegida de los ataques del enemigo, estamos expuestos a todo tipo de consecuencias, pruebas y dificultades si no tenemos la gracia del dominio propio. Ayer estudiamos los cuatro aspectos en las cuales el dominio propio es particularmente importante: dinero, habla, alcohol y sexualidad. En relación con este tema, Pablo nos advirtió: "Así que tengan cuidado de su manera de vivir. No vivan como necios sino como sabios" (Ef. 5:15). Este llamado al buen juicio nos recuerda que, como madres, la manera en que nos conducimos deja una huella indeleble en nuestros hijos.

Nuestra actitud hacia el dinero afectará a nuestros hijos de varias maneras. Si los niños observan que le damos un alto valor a las posesiones, imitarán nuestras acciones. Una madre que ama el dinero con frecuencia dirige a su hijo a estudiar una carrera lucrativa o a encontrar un cónyuge que beneficie a su hijo desde el punto de vista financiero. Cuando sus hijos observan su deleite con los placeres mundanos, creerán que necesitan determinado vecindario, cónyuge y empleo para ser exitosos.

Traer nuestros hábitos de gastos en oración ante el Señor permitirá que nuestros hijos reciban los beneficios y las bendiciones del dinero sin caer en la trampa de la idolatría.

Mientras Dios mejora nuestro corazón es este particular, cada vez tendremos un mayor deseo de bendecir a los demás con los recursos que nos fueron dados. Nuestros hijos se benefician al entender que tener el último aparato electrónico o juguete no es lo más importante de la vida. Cuando observan nuestras donaciones a la iglesia, a los misioneros y a los desfavorecidos, se va formando su idea de cómo debemos utilizar el dinero para bendecir a otros en la gloria de Dios.

El habla es otra cosa que requiere tanto autocontrol como dulzura. Nuestros hijos repetirán las palabras y tonos que nosotros utilizamos cuando estamos con ellos. Si somos adeptos al chisme, si usamos un lenguaje inapropiado, si rezongamos o nos quejamos con frecuencia, seguirán nuestro ejemplo. En contraste, si nos escuchan orando, dando gracias y alabándolos por su éxito, aprenderán a bendecir a otros con sus palabras.

Proverbios nos da numerosas advertencias sobre el poder de la lengua y la importancia de mantener un freno en las palabras que salen de nuestra boca. Proverbios 12:18 nos advierte: "El charlatán hiere con la lengua como con una espada, pero la lengua del sabio brinda alivio". La imagen de este versículo me hace ponerme de rodillas. Nuestras palabras tienen el poder de perjudicar a nuestros hijos, en lugar de edificarlos. Cuando permanecemos en Jesús, nuestra forma de hablar es cada vez más dulce y controlada.

El alcohol es también un aspecto de bendición para el pueblo de Dios. Los israelitas debían diezmar de su grano y de su vino nuevo. Debían comer y beber en la presencia de Señor y regocijarse (Dt. 14:22–26). El salmista alabó al Señor por "sacar de la tierra su alimento: el vino que alegra el corazón, el aceite que hace brillar el rostro, y el pan que sustenta la vida" (Sal. 104:14–15). El primer milagro de Jesús ocurrió en Canaán, Galilea, cuando convirtió el agua en vino en una boda (Jn. 2:1–11).

El problema con el alcohol aparece cuando no tenemos dominio propio. La ebriedad con frecuencia lleva a utilizar un lenguaje inapropiado y a comportarnos inapropiadamente. Pablo les ordenó a los efesios: "No se emborrachen con vino, que lleva al desenfreno. Al contrario, sean llenos del Espíritu" (Ef. 5:18). Los efectos relajantes del alcohol se disipan rápidamente, mientras que los efectos del Espíritu nos llevan a experimentar un gozo duradero y abundante.

Por último, la sexualidad es un aspecto en el cual es importante que practiquemos dominio propio. Pablo les ordenó a los efesios: "Entre ustedes ni siquiera debe mencionarse la inmoralidad sexual" (5:3). Cuidar nuestra manera de vestir, lo que vemos, y cómo nos relacionamos con otros hombres, nos ayudará a resguardar nuestra sexualidad con la gracia del dominio propio.

Enseñarles a nuestros hijos el concepto divino de la sexualidad, desde la infancia y a lo largo de su adolescencia, los ayuda a desarrollar dominio propio en ese particular. Mi esposo y yo hemos usado la serie *El plan de Dios para el sexo*, de Stan y Brenna Jones, para explicarles estas verdades a nuestros hijos. La serie incluye cuatro libros escritos según las edades (de los tres a los catorce años) para producir debates sobre el matrimonio, la reproducción y la sexualidad, así como las consecuencias de la falta de dominio propio.

Revestirnos de mansedumbre en cada una de estas cuatro cosas evitará que nuestro dominio propio sea rígido o inflexible. Los hijos se estimulan en un hogar donde la dulzura se une con la estabilidad del dominio propio. Un hogar que es tanto disciplinado como comprometido, permite que los hijos se sientan cómodos y seguros. Finalice su estudio de hoy pidiéndole a Dios que convierta su hogar en un lugar que combine la calidez de la dulzura con la seguridad del dominio propio.

Cómo recuperarse del Síndrome de la Mamá Perfecta (SMP)

Camine en la gracia

Día 1

Conozco a una madre que cocina diariamente para su familia. Las fiestas de cumpleaños de sus hijos son dignas de ser publicadas en Pinterest. Ella es paciente con sus hijos. Les lee cuentos cada noche antes de dormir. Amamantó a todos sus hijos durante el primer año de vida. No se siente extenuada por las incesantes exigencias de levantar una familia. Cura las heridas, seca las lágrimas, y mantiene su hogar funcionando sin problemas. La ropa lavada siempre está doblada y los platos y utensilios guardados en sus respectivos gabinetes. El cabello de sus hijos está perfectamente peinado y sus ropas siempre lucen bien planchadas.

¿Quién es esta mujer tan maravillosa? Usted se preguntará. En mi mente (que es donde ella vive), la llamo "la mamá perfecta". Aunque es un mito, está bastante viva en mi corazón. Si no tengo cuidado, termino viviendo tristemente bajo su sombra, siempre sintiendo el peso de mis propias deficiencias. No hay una actividad en la que yo quiera tener un mejor desempeño que en la maternidad. Aun así, no logro ser esa mamá perfecta.

¿Sufre usted también del Síndrome de la Mamá Perfecta (SMP)? Los síntomas del SMP incluyen compararse con otras mamás, sentimientos de fracaso, actitudes críticas, temor, tristeza al realizar las actividades diarias, búsqueda incesante de nuevas actividades, y un corazón desgastado y fatigado. El SMP está caracterizado por momentos de euforia: *¡Soy una buena mamá porque cocino comida más saludable que ella!*, y momentos de desaliento: *Soy un fracaso. ¿Cómo hace ella para que sus hijos practiquen dos deportes y vayan a clases de* *violín?* La presión por nuestro desempeño aumenta como una bomba de tiempo que está a punto de explotar.

El remedio para nuestra enfermedad es una palabra preciosa: *la gracia*. Cuanto más entendamos y experimentemos el favor de Dios en nuestras vidas, más reflejaremos a Jesús en la crianza de nuestros hijos.

Esta última semana estudiaremos nuestra necesidad de gracia, la voluntad de Dios de ser misericordioso y cómo el aumentar nuestra gracia influye en nuestros hijos. Comience su estudio de hoy orando, pidiéndole a Dios que le dé oídos para escuchar y ojos para ver su gracia hacia usted.

1. Lea **Romanos 3:21–28**.

> "Pero ahora, sin la mediación de la ley, se ha manifestado la justicia de Dios, de la que dan testimonio la ley y los profetas. Esta justicia de Dios llega, mediante la fe en Jesucristo, a todos los que creen. De hecho, no hay distinción, pues todos han pecado y están privados de la gloria de Dios, pero por su gracia son justificados gratuitamente mediante la redención que Cristo Jesús efectuó. Dios lo ofreció como un sacrificio de expiación que se recibe por la fe en su sangre, para así demostrar su justicia. Anteriormente, en su paciencia, Dios había pasado por alto los pecados; pero en el tiempo presente ha ofrecido a Jesucristo para manifestar su justicia. De este modo Dios es justo y, a la vez, el que justifica a los que tienen fe en Jesús. ¿Dónde, pues, está la jactancia? Queda excluida. ¿Por cuál principio? ¿Por el de la observancia de la ley? No, sino por el de la fe. Porque sostenemos que todos somos justificados por la fe, y no por las obras que la ley exige".

a. Según este pasaje, ¿cómo se hace justa una persona?

b. ¿Por qué todos necesitamos gracia? (ver el v. 23).

c. ¿Cómo pagó Dios por nuestros pecados?

d. ¿Qué significa que Dios es tanto el justo como el que justifica?

e. ¿Por qué no debemos dar lugar a la jactancia?

2. Lea **Efesios 2:4–10**.

"Pero Dios, que es rico en misericordia, por su gran amor por nosotros, nos dio vida con Cristo, aun cuando estábamos muertos en pecados. ¡Por gracia ustedes han sido salvados! Y en unión con Cristo Jesús, Dios nos resucitó y nos hizo sentar con Él en las regiones celestiales, para mostrar en los tiempos venideros la incomparable riqueza de su gracia, que por su bondad derramó sobre nosotros en Cristo Jesús. Porque por gracia ustedes han sido salvados mediante la fe; esto no procede de ustedes, sino que es el regalo de Dios, no por obras, para que nadie se jacte. Porque somos hechura de Dios, creados en Cristo Jesús para buenas obras, las cuales Dios dispuso de antemano a fin de que las pongamos en práctica".

a. ¿Por qué Dios nos resucitó en Cristo?

b. ¿Cómo es salvada una persona?

c. ¿Qué dispuso Dios de antemano para que lo pongamos en práctica?

d. ¿Por qué no debemos dar lugar a la jactancia?

En mi búsqueda de la perfección me he desgastado y fatigado. El perfeccionismo es un comportamiento basado en el orgullo, una determinación de vivir bajo nuestros propios estándares. La verdad que nuestras almas necesitan escuchar es que todos hemos pecado y hemos sido destituidos de la gloria de Dios. La perfección es imposible. Un abismo me separa de la virtud. Es una meta que jamás podré alcanzar, un trecho que jamás lograré cruzar.

Al aceptar esta primera verdad, podemos creer en una segunda: hemos sido justificados gratuitamente mediante la redención en Jesús. Gracia significa "favor inmerecido". La salvación es un regalo. En Jesús todos mis errores son enmendados.

Su gracia es suficiente.

La sobreabundancia de su favor nos deja sin lugar para la jactancia. Cualquier bien que recibamos es por su mano misericordiosa. Él dispuso estas tareas de antemano para que las pongamos en práctica. Cualquier fracaso que temamos ha sido cubierto por su sacrificio. En Jesús el péndulo del desempeño se detiene: tanto el orgullo producto del éxito, como la tristeza producto del fracaso son absorbidos por su gracia.

Tómese un momento para reflexionar en las siguientes preguntas y valorar como la gracia se aplica en su rol de madre.

3. ¿En qué aspectos de la crianza de sus hijos es usted más propensa a jactarse o sentirse segura?

4. ¿En qué aspectos se inclina más a pensar que su éxito en la crianza de sus hijos se debe a su propio esfuerzo y sabiduría?

5. ¿En qué aspecto de la crianza de sus hijos suele juzgar a las otras mamás?

6. ¿En qué aspecto de la crianza de sus hijos tiene luchas? ¿En qué aspecto siente que fracasa?

7. ¿Cómo suele responder cuando siente que ha fracasado?

8. ¿Cómo sería una respuesta misericordiosa ante el éxito? ¿Cómo sería una respuesta misericordiosa ante el fracaso?

9. Lea **2 Corintios 12:7–10**.

"Para evitar que me volviera presumido por estas sublimes revelaciones, una espina me fue clavada en el cuerpo, es decir, un mensajero de Satanás, para que me atormentara. Tres veces le rogué al Señor que me la quitara; pero Él me dijo: 'Te basta con mi gracia, pues mi poder se perfecciona en la debilidad'. Por lo tanto, gustosamente haré más bien alarde de mis debilidades, para que permanezca sobre mí el poder de Cristo. Por eso me regocijo en debilidades, insultos, privaciones, persecuciones y dificultades que sufro por Cristo; porque cuando soy débil, entonces soy fuerte".

a. ¿Por qué a Pablo le fue clavada una espina en su cuerpo?

b. ¿Por qué Pablo se regocija en sus debilidades?

Nuestras debilidades no son razón para la tristeza. Nuestras fortalezas no son razón para la jactancia. Dios trabaja en ambas. Algunos aspectos de la maternidad pueden ser fáciles. Otros pueden implicar luchas difíciles que nos hacen humildes. Previamente, en su carta a los corintios, Pablo los exhortó con estas palabras: "Pero tenemos este tesoro en vasijas de barro para que se vea que tan sublime poder viene de Dios y no de nosotros. Nos vemos atribulados en todo, pero no abatidos; perplejos, pero no desesperados; perseguidos, pero no abandonados; derribados, pero no destruidos" (2 Co. 4:7–9).

Una respuesta misericordiosa, tanto para el éxito como para el fracaso, es la alabanza. Cuando descubramos que nos estamos convirtiendo en las mamás que esperamos ser, desbordémonos en alabanzas a Él, que es quien trabaja en nuestros corazones. Cuando descubramos que fracasamos en algo, una vez más, agradezcámosle a Dios que nuestros pecados fueron totalmente pagados en Jesús. Su gracia es suficiente para nuestra debilidad.

Dedique parte de su día a la alabanza. Agradezca a Dios por aquellas cosas en las que la ha hecho crecer como madre. Agradézcale también por las cosas en las que usted lucha contra el pecado y el fracaso. Alabe a Dios por el regalo de su gracia.

Día 2

La Navidad es una de las festividades favoritas de mi familia. Después de que cortamos el árbol, mis hijos cuelgan con entusiasmo los adornos que nos recuerdan vacaciones familiares, junto con cosas creadas en el preescolar y fotos guardadas de su infancia. Uno de los recuerdos favoritos de las fiestas de mi infancia es cuando hacía galletas de azúcar con mi mamá. Naturalmente, quise continuar esta tradición con mi familia.

Recuerdo vívidamente uno de los primeros años en los que intenté hacer galletas de azúcar con mis hijos. Encontré la receta de mi mamá y preparé la masa. Saqué los cortadores de galletas, los rodillos de amasar y las chispas. Estaba lista para crear ese momento especial de la Navidad.

En lugar de eso, hice un desastre.

En algún momento durante la preparación de las galletas, alguien hizo algo mal. Aunque ha pasado mucho tiempo desde este incidente, mi mala reacción está impresa en mi memoria. Frustrada, regañé a mis tres hijos furiosamente. Las lágrimas brotaron de sus ojos, sorprendidos por la dureza de mi voz. El momento especial que esperaba crear se había arruinado por culpa de mi impaciencia y mi falta de dominio propio.

¿Tiene usted recuerdos parecidos que la llenan de arrepentimiento y remordimiento? ¿Se ha preguntado qué hacer cuando se enfrenta a sus pecados y fracasos? Hoy hablaremos sobre el perdón, el cual va de la mano con la gracia a través de las Escrituras. Comience su estudio orando, pidiéndole a Dios que le dé nuevos ojos para ver el perdón que le pertenece en Cristo.

1. Lea **Hebreos 4:14–16**.

> "Por lo tanto, ya que en Jesús, el Hijo de Dios, tenemos un gran sumo sacerdote que ha atravesado los cielos, aferrémonos a la fe que profesamos. Porque no tenemos un sumo sacerdote incapaz de compadecerse de nuestras debilidades, sino uno que ha sido tentado en todo de la misma manera que nosotros, aunque sin pecado. Así que acerquémonos confiadamente al trono de la gracia para recibir misericordia y hallar la gracia que nos ayude en el momento que más la necesitemos".

a. ¿Qué podemos aprender de Jesús en este pasaje?

b. ¿Cómo fuimos instruidos para acercarnos al trono de la gracia? ¿Por qué?

Podemos acercarnos al trono de la gracia con valentía porque tenemos un Salvador compasivo. Como hombre, Jesús enfrentó todas las dificultades y transgresiones de este mundo. Aunque Jesús nunca sucumbió ante el pecado, experimentó tentaciones. Él no se sienta a juzgarnos con enojo cuando nos acercamos pidiendo misericordia. Él nos da la bienvenida con amorosa compasión.

2. Lea los siguientes versículos.

"Pero te confesé mi pecado, y no te oculté mi maldad. Me dije: 'Voy a confesar mis transgresiones al Señor", y tú perdonaste mi maldad y mi pecado. Por eso los fieles te invocan en momentos de angustia; caudalosas aguas podrán desbordarse, pero a ellos no los alcanzarán. Tú eres mi refugio; tú me protegerás del peligro y me rodearás con cánticos de liberación" *Selah* (**Sal. 32:5–7**).

"Quien encubre su pecado jamás prospera; quien lo confiesa y lo deja, halla perdón" (**Pr. 28:13**).

"Por eso, confiésense unos a otros sus pecados, y oren unos por otros, para que sean sanados. La oración del justo es poderosa y eficaz" (**Stg. 5:16**).

"Si confesamos nuestros pecados, Dios, que es fiel y justo, nos los perdonará y nos limpiará de toda maldad" (**1 Jn. 1:9**).

a. ¿Qué podemos aprender de estos pasajes sobre la confesión y el perdón?

b. ¿Qué podemos aprender de Dios en estos versículos?

Estos pasajes nos muestran cómo conseguir ayuda para nuestros problemas con el pecado. Comenzamos confesando y arrepintiéndonos de nuestros pecados, ante el Señor y ante nuestros amigos de confianza. Pidámosle a la gente que ore por nosotros para que podamos darle la espalda al pecado y crecer en fidelidad. El Señor es fiel al perdonar todos nuestros pecados y purificarnos de la falta de rectitud. Ningún pecado es demasiado grande para que Él no lo perdone. Ninguna mancha es tan profunda para que Él no pueda hacernos blancos como la nieve.

Sin embargo, en nuestra falta de fidelidad, tendemos a racionalizar nuestros pecados. Utilizamos las circunstancias para excusarnos por nuestra impaciencia, o culpamos a nuestros hijos por nuestra severidad. Cuando nos refugiamos en nuestros pecados, nos perdemos de la gracia y el perdón que son nuestros en Cristo. También perdemos la oportunidad de enseñarles una lección importante a nuestros hijos. Cuando regañé impacientemente a mis hijos mientras hacíamos las galletas, sentí que había fallado. Estaba tentada a culparlos por mi impaciencia. Por la gracia de Dios, su Palabra me condenó y me mostró lo que debía hacer. No podía borrar mi pecado, pero podía confesárselo a mis hijos. Les dije que mamá se había equivocado al ser impaciente y hablarles en ese tono de voz tan enfadado. Les pedí que me perdonaran, lo cual hicieron de inmediato, con placer. Inmediatamente estábamos haciendo galletas de nuevo, mientras reflexionaba en lo que el Señor me había enseñado.

La lección que aprendí ese día es que no puedo proteger a mis hijos de mis debilidades. Por más que me esfuerce, en algún momento mis pecados afectarán sus vidas. Sin embargo, la forma en que lidié con esta situación puede ser un ejemplo a seguir para ellos. Soy una pecadora criando pecadores. Cada uno de mis hijos enfrentará el peso y la tristeza de sus propios pecados. Así como les enseñamos hábitos de higiene diaria como cepillarse los dientes, nuestros hijos necesitan ser instruidos en cómo limpiar sus almas. Al instruir a nuestros hijos en la confesión y el arrepentimiento, así como en la gracia y el perdón, bendeciremos sus vidas en los años venideros.

¿Hay en su corazón alguna debilidad en particular? Tómese un momento para confesársela al Señor, encontrando consuelo en esta verdad: "En Él tenemos la redención mediante su sangre, el perdón de nuestros pecados, conforme a las riquezas de la gracia que Dios nos dio en abundancia con toda sabiduría y entendimiento" (Ef. 1:7–8).

La buena noticia del evangelio es que Jesús puede cambiarnos completamente. Dios incluso puede utilizar nuestras debilidades como oportunidades para enseñar a nuestros hijos. ¡Realmente su gracia es asombrosa! Deléitese en la gracia prodigada a usted hoy.

Día 3

Hace años fui a una clase para padres que trataba sobre estimular la obediencia en el hogar. Se destacaron las siguientes expectativas generales:

1. La obediencia debe ser inmediata.

2. La obediencia debe ser completa.
3. La obediencia debe darse con actitud jubilosa.

Me senté en el salón de clases contemplando el pizarrón, en silencio. Sinceramente, no estaba pensando en la obediencia de mis hijos, estaba pensando en la mía.

El criterio de obediencia que les estaba imponiendo a mis hijos era mucho más severo que el criterio de obediencia que normalmente me aplicaba a mí misma. Cuando enfrentaba las diferentes tareas que el Señor me había encomendado para el día, podía ser lenta para obedecer (*déjame revisar el Facebook una vez más antes de escribir ese artículo*). Podía dejar tareas incompletas (*por favor no vean lo sucia que está mi habitación cuando estoy dando una fiesta*) Y a menudo podía hacer mis labores con una actitud menos que jubilosa (*Dios en realidad no espera que limpie el baño con júbilo, ¿verdad?*)

Permítame aclararle, el criterio dado en esa clase no era incorrecto. Jesús nunca bajó sus estándares para que pudiéramos acercarnos a Él. Nunca dejó de lado la ley; la cumplió para nuestro beneficio. No debemos bajar el estándar para nuestros hijos, pero sí podemos ser misericordiosos y pensar en su necesidad de gracia a medida que se lo aplicamos.

Así como Jesús tiene misericordia de nuestras debilidades, nuestros hijos necesitan nuestra misericordia mientras aprenden a obedecer de forma inmediata, completa y jubilosa. Enseñamos el criterio para que nuestros hijos comprendan su necesidad de gracia cuando inevitablemente no logren sus objetivos. No debería sorprendernos que sean lentos para aprender y que se necesiten años de instrucciones cuidadosas para ver pequeños avances. ¿Debería esperar que mi hija de seis años obedezca de una forma que ni yo misma domino a los cuarenta? Estar consciente de la viga de mi ojo mientras remuevo la astilla del ojo de mi hija me impulsa a disciplinar con gentileza y amabilidad.

Hoy leeremos una de las parábolas de Jesús, una historia que considero profundamente condenable. Me doy cuenta de cuántas veces he sido el siervo malvado de mis hijos, esperando de ellos la perfección que yo misma soy incapaz de alcanzar.

1. Lea **Mateo 18:23–35**.

"Por eso el Reino de los cielos se parece a un rey que quiso ajustar cuentas con sus siervos. Al comenzar a hacerlo, se le presentó uno que le debía miles y miles de monedas de oro. Como él no tenía con qué pagar, el señor mandó que lo vendieran a él, a su esposa y a sus hijos, y todo lo que tenía, para así saldar la deuda. El siervo se postró delante de él. 'Tenga paciencia conmigo —le rogó—, y se lo pagaré todo'. El señor se compadeció de su siervo, le perdonó la deuda y lo dejó en libertad. Al salir, aquel siervo se encontró con uno de sus compañeros que le debía cien monedas de plata. Lo agarró por el cuello y comenzó a estrangularlo. '¡Págame lo que me debes!', le exigió. Su compañero se postró delante de él. 'Ten paciencia conmigo —le rogó—, y te lo pagaré'. Pero él se negó. Más bien fue y lo hizo meter en la cárcel hasta que pagara la deuda. Cuando los demás siervos vieron lo ocurrido, se entristecieron mucho y fueron a contarle a su señor todo lo que había sucedido. Entonces el señor mandó llamar al siervo. '¡Siervo malvado! —le increpó—. Te perdoné toda aquella deuda porque me lo suplicaste. ¿No debías tú también haberte compadecido de tu compañero, así como yo me compadecí de ti?'. Y enojado, su señor lo entregó a los carceleros para que lo torturaran hasta que pagara todo lo que debía. Así también mi Padre celestial los tratará a ustedes, a menos que cada uno perdone de corazón a su hermano".

a. En esta historia es importante darnos cuenta de que el primer siervo debía una gran suma de dinero. Un talento valía el salario de veinte años. Por lo tanto, el primer siervo le debía a su señor doscientos mil años de salarios, una deuda impagable, equivalente a miles de millones de dólares. En contraste, el otro siervo le debía al primero cien denarios. Un denario era equivalente a un día de salario, así que el segundo sirviente debía alrededor de cien días de trabajo, una deuda pagable equivalente a unos pocos miles de dólares. ¿De qué manera la diferencia entre ambas deudas explica la furia del señor y la perversidad del siervo?

b. En esta parábola vemos que el señor muestra paciencia y enojo justificados. ¿En qué lugar de la Biblia vemos ejemplos de la paciencia de Dios? ¿Dónde vemos ejemplos de su enojo justificado?

c. ¿Cuándo no somos misericordiosos con los demás, en qué nos parecemos al siervo malvado? ¿Cuál deuda fue pagada para cada uno de nosotros?

d. ¿De qué manera nuestra poca disposición a ser misericordiosos con los demás es una muestra de ingratitud?

A lo largo de toda la historia de Israel, Dios mostró una gran paciencia cuando lidiaba con sus hijos. Aunque ellos desobedecían una y otra vez, Él seguía siendo lento para el enojo, abundante en amor. Mostró la misma paciencia con cada uno de nosotros.

2. ¿Con cuánta frecuencia confiesa usted sus pecados ante Dios? ¿Por qué el pasar más tiempo diario confesándonos nos conduce a un nivel más alto de agradecimiento hacia Dios?

3. ¿En qué medida su reacción hacia sus hijos refleja la tierna paciencia de Dios? ¿En qué aspecto le gustaría ser más como Él?

El mes pasado, le permitimos a nuestra hija adolescente que se quedara viendo un programa de televisión con nosotros cuando un amigo había venido a visitarnos. En un momento dado de la noche, mi hija, extrañamente, me respondió torciendo los ojos cuando le pedí que hiciera algo. Inmediatamente la regañé por su comportamiento frente a mi esposo y a nuestro amigo.

Cuando terminé de hablar, la condena por mi propio pecado me inundó. Su falta de respeto necesitaba corrección, pero me equivoqué en el método. Mateo 18 nos muestra claramente cómo lidiar con el pecado: "Si tu hermano peca contra ti, ve a solas con él y hazle ver su falta. Si te hace caso, has ganado a tu hermano" (v. 15). Debí haberle pedido tranquilamente que me acompañara a otra habitación y conversar en privado sobre su conducta. Esa misma noche me disculpé con mi hija, pidiéndole que me perdonara por mi forma no bíblica de corregirla. Amorosamente me perdonó y se disculpó por haberme torcido los ojos.

Criar a nuestros hijos con gracia significa que debemos lidiar con sus pecados con la misma bondad que nosotros esperamos recibir. ¿Puede imaginarse que alguien esté detrás de usted todo el día, señalándole sus faltas? *Tienes una manera de pensar desagradable. Eso que dijiste durante el almuerzo fue un chisme. Condujiste diez millas sobre el límite de velocidad. Fuiste irrespetuosa con tu esposo cuando le mencionaste sus errores en el estudio bíblico de esta mañana.* ¿No se sentiría un poco alterada?

Nuestros hijos necesitan nuestra corrección, y también necesitan desesperadamente nuestra comprensión. La crianza con gracia comienza reconociendo diariamente nuestra propia necesidad de gracia. Culmine su estudio de hoy pidiéndole a Dios que le revele algún aspecto en el que usted necesite tener más gracia. Puede ser con un amigo, su esposo o con alguno de sus hijos. Ore para que Él suavice su corazón y le permita crecer en su gracia.

Día 4

Cuando vivía en Escocia, una de mis amigas más cercanas era doctora. Al principio de su carrera había trabajado por turnos en la sala de emergencias y se sentía frustrada por los pacientes que llamaban una ambulancia por cosas que no eran urgentes. A diferencia de los Estados Unidos, el viaje en ambulancia era gratuito, gracias al sistema nacional de salud. La gente muchas veces abusaba del sistema, haciendo esperar a aquellos que realmente lo necesitaban.

Tal vez nos preocupemos de que la gracia tenga el mismo efecto en nuestros pecados. Razonamos: si la gracia es gratuita, ¿no pecará y se divertirá más la gente? Esta pregunta revela una discrepancia entre el funcionamiento de la gracia y los efectos dolorosos del pecado.

Para arrojar luz sobre estos conceptos, hoy estudiaremos algunos pasajes que nos ayudarán a comprender mejor la gracia que es nuestra en Cristo. Comience su estudio orando, pidiéndole a Dios que se encuentren en su Palabra.

1. Lea los siguientes pasajes y registre lo que cada uno de ellos revela sobre los efectos de la gracia en el pecado.

   a. **Romanos 6:15–17**: "Entonces, ¿qué? ¿Vamos a pecar porque no estamos ya bajo la ley sino bajo la gracia? ¡De ninguna manera! ¿Acaso no saben ustedes que, cuando se entregan a alguien para obedecerlo, son esclavos de aquel a quien obedecen? Claro que lo son, ya sea del pecado que lleva a la muerte, o de la obediencia que lleva a la justicia. Pero gracias a Dios que, aunque antes eran esclavos del pecado, ya se han sometido de corazón a la enseñanza que les fue transmitida".

   b. **Tito 2:11–14**: "En verdad, Dios ha manifestado a toda la humanidad su gracia, la cual trae salvación y nos enseña a rechazar la impiedad y las pasiones mundanas. Así podremos vivir en este mundo con justicia, piedad y dominio propio, mientras aguardamos la bendita esperanza, es decir, la gloriosa venida de nuestro gran Dios y Salvador Jesucristo. Él se entregó por nosotros para rescatarnos de toda maldad y purificar para sí un pueblo elegido, dedicado a hacer el bien".

La gracia no nos libera del castigo por el pecado, así que volvemos a ser esclavos de nuestro pecado. La gracia nos libera del poder de los pecados para que seamos capaces de llevar vidas consagradas. Los siguientes dos pasajes nos dan una perspectiva sobre los efectos de la gracia, cuando esta se desborda de nuestras vidas hacia las vidas de los demás.

2. Lea **Romanos 12:3–16**.

"Por la gracia que se me ha dado, les digo a todos ustedes: Nadie tenga un concepto de sí más alto que el que debe tener, sino más bien piense de sí mismo con moderación, según la medida de fe que Dios le haya dado. Pues así como cada uno de nosotros tiene un solo cuerpo con muchos miembros, y no todos estos miembros desempeñan la misma función, también nosotros, siendo muchos, formamos un solo cuerpo en Cristo, y cada miembro está unido a todos los demás. Tenemos dones diferentes, según la gracia que se nos ha dado. Si el don de alguien es el de profecía, que lo use en proporción con su fe; si es el de prestar un servicio, que lo preste; si es el de enseñar, que enseñe; si es el de animar a otros, que los anime; si es el de socorrer a los necesitados, que dé con generosidad; si es el de dirigir, que dirija con esmero; si es el de mostrar compasión, que lo haga con alegría. El amor debe ser sincero. Aborrezcan el mal; aférrense al bien. Ámense los unos a los otros con amor fraternal, respetándose y honrándose mutuamente. Nunca dejen de ser diligentes; antes bien, sirvan al Señor con el fervor que da el Espíritu. Alégrense en la esperanza, muestren paciencia en el sufrimiento, perseveren en la oración. Ayuden a los hermanos necesitados. Practiquen la hospitalidad. Bendigan a quienes los persigan; bendigan y no maldigan. Alégrense con los que están alegres; lloren con los que lloran. Vivan en armonía los unos con los otros. No sean arrogantes, sino háganse solidarios con los humildes. No se crean los únicos que saben".

a. Vuelva a leer este pasaje y subraye todas las instrucciones que Pablo dio a los Romanos. ¿Cómo la comprensión de la gracia nos ayuda a obedecer cada instrucción?

b. ¿Cómo la comprensión de la gracia fomenta la humildad mientras utilizamos nuestros dones para servir en la Iglesia? ¿Por qué la humildad es tan importante en nuestro servicio?

c. ¿Cuál de estas instrucciones le muestra específicamente un aspecto en el cual usted necesita aumentar su gracia?

d. ¿Cómo puede aplicar este pasaje en su familia? ¿En qué forma necesitan vivir con mayor armonía entre ustedes?

3. Lea **2 Corintios 9:8–15**.

"Y Dios puede hacer que toda gracia abunde para ustedes, de manera que siempre, en toda circunstancia, tengan todo lo necesario, y toda buena obra abunde en ustedes. Como está escrito: 'Repartió sus bienes entre los pobres; su justicia permanece para siempre'. El que le suple semilla al que siembra también le suplirá pan para que coma, aumentará los cultivos y hará que ustedes produzcan una abundante cosecha de justicia. Ustedes serán enriquecidos en todo sentido para que en toda ocasión puedan ser generosos, y para que por medio de nosotros la generosidad de ustedes resulte en acciones de gracias a Dios. Esta ayuda que es un servicio sagrado no solo suple las necesidades de los santos sino que también redunda en abundantes acciones de gracias a Dios. En efecto, al recibir esta demostración de servicio, ellos alabarán a Dios por la obediencia con que ustedes acompañan la confesión del evangelio de Cristo, y por su generosa solidaridad con ellos y con todos. Además, en las oraciones de ellos por ustedes, expresarán el afecto que les tienen por la sobreabundante gracia que ustedes han recibido de Dios. ¡Gracias a Dios por su don inefable!".

a. ¿Qué promesa alentadora encontramos en este pasaje?

b. ¿Cuál esperanza debe impulsar nuestra generosidad?

c. ¿De qué manera la sobreabundancia de gracia bendice al receptor y glorifica a Dios?

d. Mientras cuida de sus hijos, ¿en qué aspectos necesita creer que Dios puede hacer que toda la gracia abunde para usted? ¿Cómo sería eso en términos tangibles?

Hoy contamos con todo lo que necesitamos para triunfar en toda buena obra. *Todo.* A veces es difícil creerlo, ¿verdad? Lo más normal es que pensemos que necesitamos más horas en el día, más brazos para realizar nuestras tareas, y un cerebro adicional para completar todo lo que está en nuestra lista de quehaceres. Sin embargo, en este pasaje el Señor nos promete que Él será fiel en su provisión.

La semana pasada experimenté la provisión misericordiosa del Señor en respuesta a mi necesidad. En los últimos meses, varios miembros de mi familia sufrieron de diferentes problemas de índole médico. Con el tiempo, la presión constante ha traído sus consecuencias. La verdad es que al terminar la semana, estaba que ya no podía más. En mi desesperación, clamé al Señor por ayuda y liberación.

En los siguientes días, mi familia recibió tres comidas de parte de personas que no aceptarían una negativa de mi parte. Mi amiga Shanna, que es misionera en Praga, nos envió una comida a través de un amigo que ella contactó. Se me llenaron los ojos de lágrimas cuando otro amigo nos envió un quiche, ensalada y helado de menta. Era la primera comida casera que mi familia había probado en semanas. Lo único lo que podía hacer era agradecer a Dios. Los problemas médicos no desaparecieron, pero Dios proveyó todo lo que yo necesitaba para alimentar y cuidar a mi familia, incluso por medio de una amiga que vivía a miles de kilómetros de distancia.

4. ¿En algún momento ha sido testigo de la provisión de Dios para usted en tiempos de prueba? Enumere las diferentes formas en las cuales Él ha provisto fielmente para sus necesidades.

5. Piense en lo que hemos aprendido en este estudio. ¿Cómo su gracia ha obrado en su familia a lo largo de las últimas semanas?

6. ¿En qué aspectos de su vida necesita seguir desarrollando su gracia?

Culmine su estudio en oración. Pídale al Señor que le muestre las provisiones de su gracia que existen en su vida. Espero que su corazón repita las palabras de Pablo: "¡Gracias a Dios por su don inefable!" (2 Co. 9:15).

Día 5: Caminemos juntas como madres

> Más bien, crezcan en la gracia y en el conocimiento de nuestro Señor y Salvador Jesucristo. ¡A Él sea la gloria ahora y para siempre! Amén.
> —2 Pedro 3:18

Antes de tener hijos, me consideraba una persona bastante paciente, controlada y amable. Yo pensaba que la maternidad solo ampliaría esas virtudes, cuando yo derramara mi amor en mis hijos. Pero en realidad, la maternidad ha puesto en evidencia lo mucho que necesito a Jesús. No soy tan alegre como quisiera ser. No soy tan sosegada como Dios quiere que sea. Me cuesta trabajo ser fiel en la disciplina que administro a mis hijos.

En cada oportunidad, estoy más consciente de mi necesidad de recibir gracia. ¡Incluso ser consciente de ello forma parte de la gracia! Es mejor ser consciente de que necesito ayuda, que continuar firmemente con una confianza propia ciega. Uno de mis más grandes temores al escribir un libro sobre la crianza de los hijos era que de alguna manera pudiera comunicar erróneamente que tengo todo bajo control. No escribo como una persona que ha resuelto todos los misterios de la maternidad, sino simplemente como alguien que desea ayudar a comprender una verdad fundamental: necesitamos a Jesús más que a nada ni nadie, en la etapa de la maternidad. Necesitamos que su gracia nos muestre nuestras faltas. Necesitamos que su cruz nos muestre nuestros pecados. Necesitamos su compasión para acercarnos a su trono con confianza. Necesitamos su sabiduría para que nos guíe en nuestras decisiones. Necesitamos que su Palabra reviva nuestras almas. Necesitamos que su amor nos llene y que sobreabunde para nuestros hijos. Necesitamos que Él tome el control para nosotras soltarlo. Necesitamos su fuerza cuando nuestra fuerza se agota.

Necesitamos a Jesús más que a ninguna otra cosa.

En la universidad, Beth, mi compañera de habitación, y yo, vivimos juntas durante cuatro años. Con el tiempo, comenzamos a hablar igual, a vestirnos parecido, y a tener gestos similares. Hasta el día de hoy, nos encanta salir de compras juntas y podemos terminar comprando el mismo par de zapatos sin problemas. Pasar tiempo juntas nos convirtió en dos personas semejantes.

Lo mismo aplica para nosotras con relación a Jesús. El pasar tiempo con Él nos hará parecernos más a Él. Cuando permanecemos en Jesús, Él nos cambia completamente. Progresivamente comenzamos a decir las palabras que Él diría. A ver a los demás como Él los vería. El fruto del Espíritu se desarrolla en nuestros corazones y se convierte en una abundancia de buenos frutos. A medida que Jesús nos hace crecer en gracia, nos convertimos en madres misericordiosas.

Comenzamos nuestro estudio con el pasaje de Deuteronomio 6:5–9:

"Ama al Señor tu Dios con todo tu corazón y con toda tu alma y con todas tus fuerzas. Grábate en el corazón estas palabras que hoy te mando. Incúlcaselas continuamente a tus hijos. Háblales de ellas cuando estés en tu casa y cuando vayas por el camino, cuando te acuestes y cuando te levantes. Átalas a tus manos como un signo; llévalas en tu frente como una marca; escríbelas en los postes de tu casa y en los portones de tus ciudades".

Cuando amamos a Dios con todo nuestro corazón, alma y fuerzas, la marca que Él imprime en nuestros corazones deja una huella profunda en nuestros hijos. Permanecer en Jesús nos permite recoger el fruto del amor, el gozo, la paz, la paciencia, la amabilidad, la bondad, la fidelidad, la templanza y el control propio en nuestros hogares. Adoramos lo que amamos. Nos convertimos en lo que adoramos. Cuando nos parecemos a Jesús, bendecimos a nuestros hijos con el amor más grande que nos podemos imaginar.

En todos los años que he caminado con Jesús en la etapa de la maternidad, he sido testigo de la obra de su gracia en nuestra familia. La Biblia de mi hija adolescente está desgastada de todo el subrayado y resaltado que ha realizado en su estudio personal. Ella colecciona los boletines de oración para los misioneros de la iglesia y los cuelga en su pared. Son sus héroes. Veo con alegría cómo mi hijo se sienta a leer su Biblia, mientras yo tengo un momento de tranquilidad. Me sorprende la profundidad de sus respuestas durante los devocionales familiares. Me deleito en escuchar a mi hija menor inventar canciones sobre Jesús mientras baila por la habitación. Ella me mantiene activa desde el punto de vista teológico haciéndome preguntas profundas durante el desayuno: "Mami, si Adán y Eva no hubieran pecado, ¿aún tendríamos que ir a la escuela?".

Aunque yo falle una y otra vez, puedo ver que la gracia de Dios está obrando. Al ver a mis hijos, me sorprendo de lo que Él está haciendo a pesar de mí. Su Palabra se transmite a mi familia y cumple su propósito (Is. 55:11). Jesús está allí, en medio de nuestro desastre, haciendo de nuestro hogar un espacio de amor, risas, bondad y gracia.

La crianza no termina cuando nuestros hijos van a la escuela primaria o a la universidad. No termina cuando se casan o cuando tienen sus propios hijos. Nunca es demasiado tarde para convertirse en una madre que camina con Jesús. Invite a Jesús a su hogar hoy. Hable sobre Él. Camine con Él. Disfrútelo. Glorifíquelo. Es para esto que fuimos creadas. Eso es lo que nuestros hijos más necesitan.

Finalice su estudio de hoy orando las palabras del Salmo 90: "Que el favor del Señor nuestro Dios esté sobre nosotros. Confirma en nosotros la obra de nuestras manos; sí, confirma la obra de nuestras manos" (v. 17).

Que el favor del Señor descanse sobre nuestra labor de madres, y que afirme la obra de nuestras manos. ¡Que toda la gloria sea para Él, ahora y para siempre!

Versículos para que las madres memoricen

Enero **Filipenses 4:6-7**
"No se inquieten por nada; más bien, en toda ocasión, con oración y ruego, presenten sus peticiones a Dios y denle gracias. Y la paz de Dios, que sobrepasa todo entendimiento, cuidará sus corazones y sus pensamientos en Cristo Jesús".

Febrero **1 Tesalonicenses 5:16-18**
"Estén siempre alegres, oren sin cesar, den gracias a Dios en toda situación, porque esta es su voluntad para ustedes en Cristo Jesús".

Marzo **Proverbios 22:6**
"Instruye al niño en el camino correcto, y aun en su vejez no lo abandonará".

Abril **Colosenses 3:23-24**
"Hagan lo que hagan, trabajen de buena gana, como para el Señor y no como para nadie en este mundo, conscientes de que el Señor los recompensará con la herencia. Ustedes sirven a Cristo el Señor".

Mayo **Proverbios 29:11**
"El necio da rienda suelta a su ira, pero el sabio sabe dominarla".

Junio **Proverbios 12:18**
"El charlatán hiere con la lengua como con una espada, pero la lengua del sabio brinda alivio".

Julio **Proverbios 26:3-4**
"El látigo es para los caballos, el freno para los asnos, y el garrote para la espalda del necio. No respondas al necio según su necedad, o tú mismo pasarás por necio".

Agosto   **1 Corintios 13:4-8**
"El amor es paciente, es bondadoso. El amor
no es envidioso ni jactancioso ni orgulloso.
No se comporta con rudeza, no es egoísta,
no se enoja fácilmente, no guarda rencor. El
amor no se deleita en la maldad sino que
se regocija con la verdad. Todo lo disculpa,
todo lo cree, todo lo espera, todo lo soporta. El amor jamás se extingue, mientras
que el don de profecía cesará, el de lenguas será silenciado y el de conocimiento
desaparecerá".

Septiembre Filipenses 2:14-15
"Háganlo todo sin quejas ni contiendas, para
que sean intachables y puros, hijos de Dios
sin culpa en medio de una generación torcida y depravada. En ella ustedes brillan
como estrellas en el firmamento".

Octubre   **Deuteronomio 6:5-9**
"Ama al Señor tu Dios con todo tu corazón
y con toda tu alma y con todas tus fuerzas.
Grábate en el corazón estas palabras que
hoy te mando. Incúlcaselas continuamente
a tus hijos. Háblales de ellas cuando estés
en tu casa y cuando vayas por el camino,
cuando te acuestes y cuando te levantes.
Átalas a tus manos como un signo; llévalas
en tu frente como una marca; escríbelas en
los postes de tu casa y en los portones de
tus ciudades".

Noviembre Salmo 119:36-37
"Inclina mi corazón hacia tus estatutos y no
hacia las ganancias desmedidas. Aparta mi
vista de cosas vanas, dame vida conforme a
tu palabra".

Diciembre Proverbios 3:5-6
"Confía en el Señor de todo corazón, y no
en tu propia inteligencia. Reconócelo en
todos tus caminos, y Él allanará tus sendas".

Doce versículos temáticos para niños

🌱 Fe

Fe: Creencia y confianza fuerte en Dios.

Lo opuesto de la fe: Duda, desconfianza, incredulidad.

Versículo para memorizar: Efesios 2:8–9
  Porque por gracia ustedes han sido salvados
  mediante la fe; esto no procede de ustedes, sino que
  es el regalo de Dios, 9 no por obras, para que nadie se
  jacte.

Ejemplo bíblico: El salón de la fama de la fe (He. 11).

🌱 Confiabilidad

Confiable: Honesto, justo, contar las cosas tal y como
  ocurrieron.

Lo opuesto de confiable: Mentiroso, que oculta cosas,
  que hace trampa, que dice falsedades, que exagera.

Versículo para memorizar: Efesios 4:25a
  Por lo tanto, dejando la mentira, hable cada uno a su
  prójimo con la verdad.

Ejemplo bíblico: Ananías mintiendo (Hch. 5:1–11); Pedro,
  discurso confiable (Hch. 4:1–20).

❧ Confianza

Confianza: Creencia y confianza fuerte en Dios.

Lo opuesto de confianza: Desconfianza, duda, temor.

Versículo para memorizar: Salmo 56:3-4a
Cuando siento miedo, pongo en ti mi confianza.
Confío en Dios y alabo su palabra; confío en Dios y no
siento miedo.

Ejemplo bíblico: Sadrac, Mesac y Abednego (Daniel 3).

❧ Compasión

Compasivo: Que se identifica y muestra interés por las
necesidades de los demás.

Lo opuesto de compasivo: Egocéntrico, desconsiderado,
indolente.

Versículo para memorizar: Colosenses 3:12
Por lo tanto, como escogidos de Dios, santos y
amados, revístanse de afecto entrañable y de bondad,
humildad, amabilidad y paciencia.

Ejemplo bíblico: Jesús (Mc. 6:30-44).

❧ Alegría

Gozoso: Evidentemente contento y animoso, agradecido de corazón.

Lo opuesto de gozoso: Gruñón, molesto, infeliz, cara triste, enojado.

Versículo para memorizar: Habacuc 3:18
Aun así, yo me regocijaré en el Señor, ¡me alegraré en Dios, mi libertador!

Ejemplo bíblico: Habacuc (Hab. 3:17-19).

❧ Obediencia

Obediencia: Hacer lo que se nos pide sin discutir ni quejarnos.

Lo opuesto de obediencia: Ser desobediente, rebelde, lento para obedecer.

Versículo para memorizar: Colosenses 3:20
Hijos, obedezcan a sus padres en todo, porque esto agrada al Señor.

Ejemplo bíblico: Abraham (Gen. 22).

🌿 Honor

Honor: Tratar a los demás con consideración, mostrando respeto a aquellos que la Biblia nos ordena mostrarle honor.

Lo opuesto de honor: Grosero, sarcástico, desconsiderado, irrespetuoso.

Versículo para memorizar: Romanos 12:10
Ámense los unos a los otros con amor fraternal, respetándose y honrándose mutuamente.

Ejemplo bíblico: La mujer pecadora (Lc. 7:36–50)

🌿 Palabras alentadoras

Palabras alentadoras: Palabras que honran a otros y los edifican; palabras amables y consideradas.

Lo opuesto de palabras alentadoras: Chismes, aspereza, presunción, apodos, malas palabras.

Versículo para memorizar: Efesios 4:29
Eviten toda conversación obscena. Por el contrario, que sus palabras contribuyan a la necesaria edificación y sean de bendición para quienes escuchan.

Ejemplo bíblico: Jesús en la cruz (Lc. 23:26–49; 1 P. 2:22–24).

🌿 Perdón

Perdón: Dejar de sentir molestia hacia alguien por alguna mala acción que él o ella haya realizado.

Lo opuesto de perdón: Molestia, resentimiento, pensar en la mala acción, incluso después de que la persona se disculpó.

Versículo para memorizar: Colosenses 3:13b
Así como el Señor los perdonó, perdonen también ustedes.

Ejemplo bíblico: José (Gen. 50).

🌿 Diligencia

Diligente: Alguien se interesa en las obras de otro, persona trabajadora.

Lo opuesto de diligente: Ser lento en realizar la obra, hacer un trabajo a medias, ser perezoso.

Versículo para memorizar: Colosenses 3:23
Hagan lo que hagan, trabajen de buena gana, como para el Señor y no como para nadie en este mundo.

Ejemplo bíblico: Pablo (2 Co. 11).

🌿 Agradecimiento

Agradecido: Que expresa gratitud a Dios por lo que tiene.

Lo opuesto de agradecido: Desagradecido, descontento, quejumbroso.

Versículo para memorizar: 1 Tesalonicenses 5:18
Den gracias a Dios en toda situación, porque esta es su voluntad para ustedes en Cristo Jesús.

Ejemplo bíblico: Daniel (Dan. 6)

🌿 Conformidad

Conformidad: Satisfacción con lo que uno tiene o es, no querer nada más.

Lo opuesto de conforme: Inconforme, codicioso, ansioso.

Versículo para memorizar: Filipenses 4:11b
No digo esto porque esté necesitado, pues he aprendido a estar satisfecho en cualquier situación en que me encuentre.

Ejemplo bíblico: Pablo (2 Co. 11:23-28).

Guía de estudio

Si desea utilizar este plan con un grupo, quizá le resulten útiles estas preguntas para organizar su estudio. En la mayoría de los estudios que he dirigido, siempre hay algunas participantes que tienen problemas para realizar la tarea cada semana. Con esto en mente, he tratado de organizar las preguntas con la idea de estimular la participación de todos los miembros del grupo, independientemente del hecho de que hayan o no realizado la asignación. Para cada semana he incluido tanto una pregunta para romper el hielo como una pregunta abierta. La pregunta para romper el hielo es solo por diversión, las preguntas "para conocerse" darán a todas las mujeres del grupo la oportunidad de compartir. Dependiendo del tamaño de su grupo, podría ser útil también decir sus nombres cada semana durante el tiempo de estudio. He descubierto que esto estimula la participación de todas, incluso si es solo compartir un poco sobre sí mismas. Si su grupo es participativo, es posible que necesite recordarles amablemente que las respuestas deben ser breves. Traté que las preguntas para romper el hielo tuvieran alguna relación con la lección, pero siéntase libre de usar las suyas o eliminarlas por completo, si cree que no funcionan para sus dinámicas de grupo.

La pregunta de apertura normalmente es amplia, con el fin de lograr que el grupo reflexione sobre el tópico de la semana. Al contrario de las preguntas rompehielo, no es necesario que todos las participantes la respondan, pero servirá de calentamiento antes de adentrarse en profundidad en el estudio.

Las preguntas restantes se basan en pasajes de la Biblia que se estudiaron esa semana. He reducido los versículos y las preguntas para adaptarme a las limitaciones de tiempo de su grupo.

En la mayoría de los grupos existen momentos para reflexionar en silencio. Como líderes, a veces sentimos la necesidad de llenar los silencios o responder las preguntas nosotras mismas. Sin embargo, con el paso del tiempo, he descubierto que esos momentos de silencio se sienten más extensos para la líder del grupo que para los demás miembros. Ofrecerle tiempo a cada quien para que procese una pregunta ayudará para que su grupo comparta con mayor facilidad. Si nadie responde, tal vez sea de utilidad replantear la pregunta, pero permita que la pregunta sea analizada unos instantes. A veces tomo un sorbo de café después de formular una pregunta para recordar que debo esperar pacientemente mientras ellas la procesan. Como líder, mi mejor consejo para usted es que ore regularmente por su grupo. Cada madre en su estudio está enfrentando luchas que tal vez usted no conoce. Estoy muy agradecida porque el Señor sí las conoce y trabaja a través de su Espíritu para permitir que cada pasaje leído le hable de una forma particular a cada mujer del grupo. Ore para que su Espíritu la dirija en su debate y renueve a las mujeres en su grupo. Él nos promete: "Así es también la palabra que sale de mi boca: No volverá a mí vacía, sino que hará lo que yo deseo y cumplirá con mis propósitos" (Is. 55:11).

¡Que Dios la aliente y la bendiga mientras dirige fielmente!

Semana 1: Entienda su propósito

Para romper el hielo: Diga su nombre. Cuando era pequeña, ¿qué quería ser usted de grande?

Pregunta inicial: Si usted fuera a acercarse a varias personas distintas en un centro comercial, ¿cuáles cree usted que serían las respuestas más comunes a estas dos preguntas?

    a. ¿Cuál es su propósito en la vida?

    b. ¿Cuál es el propósito de la crianza de los hijos?

1. Lea Génesis 1:26–27. ¿En qué se diferencia la humanidad al resto de la creación? ¿Por qué esto es importante cuando tratamos de entender nuestro propósito?

2. ¿De qué manera 1 Corintios 10:31 y Colosenses 3:17 ayudan a entender nuestro propósito?

3. ¿Qué significa glorificar a Dios? ¿Cómo sería eso de disfrutar a Dios?

4. Lea Efesios 2:1–10.

    a. ¿Qué aprendimos sobre cada uno de nosotros en este pasaje?

    b. ¿Qué aprendimos sobre Dios en este pasaje?

    c. ¿Cómo se salva una persona?

d. ¿De qué manera este pasaje nos ayuda a entender las necesidades más grandes de nuestros hijos?

5. Lea Deuteronomio 6:4–9.

a. ¿Qué nos ordena Dios que debemos hacer en los versículos 5 y 6?

b. En caso de emergencia, los auxiliares de vuelo de un avión enseñarán a los padres a ponerse las mascarillas de oxígeno y luego a ayudar a sus hijos. De una forma similar, este pasaje nos anima como madres a amar primero al Señor y después a nuestros hijos. ¿Por qué esto es tan importante?

c. ¿Qué nos ayuda a crecer en la fe? ¿Qué nos anima durante toda la semana en nuestro amor hacia Dios?

d. Tomémonos un tiempo para pensar en cómo se hace una impresión. Si usted estampa su dirección en su sobre, ha hecho una impresión. El sello que utilice para estampar copiará fielmente lo que sea que esté escrito en él. ¿De qué manera sus hijos naturalmente la copian a usted? ¿Cómo ve a sus hijos amando lo que usted ama?

e. Según este pasaje, ¿cuáles son los momentos en que podemos enseñarles a nuestros hijos sobre el Señor? ¿Puede compartir con su grupo alguna manera creativa que haya encontrado de enseñarles a sus hijos sobre Jesús varias veces al día?

6. Lea 2 Timoteo 1:5 y 2 Timoteo 3:14–15.

a. ¿Qué podemos aprender sobre la fe de Timoteo en estos pasajes?

b. ¿Dónde encuentra ánimos en la historia de Timoteo?

7. Al reflexionar en su estudio de esta semana, ¿qué es lo que más la ayuda en su rol de madre?

Semana 2: Conozca la palabra de Dios

Para romper el hielo: Comparta el título de un libro que le gustaba cuando era niña o uno que le guste leerles a sus hijos.

Pregunta inicial: Cuándo se siente cansada y desgastada como madre, ¿a dónde suele acudir para renovarse?

1. Lea el Salmo 19:7–11.

a. ¿Cuáles son algunos de los beneficios prometidos en la Palabra de Dios?

b. ¿Cuál de estos beneficios es el que más la alienta hoy?

c. ¿A dónde suele ir normalmente la gente en busca de sabiduría y consejo? ¿De renovación y gozo?

d. Describa una oportunidad en la que la Palabra de Dios la renovó, le dio ánimos en su corazón o tal vez le dio sabiduría en una situación específica.

2. Lea Juan 15:4–11.

a. ¿Qué significa permanecer en Jesús?

b. ¿Por qué Jesús quería que sus discípulos permanecieran en Él? ¿Qué esperaba de ellos? (ver vv. 8, 11).

c. ¿Qué efecto tiene en nosotras, como madres, la falta de permanencia en Él?

3. Muchos de los versículos de esta semana extraen comparaciones entre la riqueza y la sabiduría. ¿Por qué ser sabio es mejor que ser rico?

4. ¿Cómo podemos enseñarles la Biblia activamente a nuestros hijos? ¿Puede compartir alguna manera útil en la que haya alentado a sus hijos a leer y comprender la Biblia?

5. Cuando reflexiona sobre los versículos leídos esta semana (repase Pr. 2:1–12 si es necesario), ¿cuáles son algunas de las bendiciones que nuestros hijos reciben cuando les enseñamos la Palabra de Dios?

6. Este capítulo nos exhorta a ser madres que estudien la Palabra de Dios a diario. ¿Qué obstáculos durante su día le dificultan hacer esto? ¿Qué pasos positivos puede dar para hacer de este estudio diario una prioridad?

7. Lea el Salmo 119:9–16 y 119:49–52.

a. ¿Qué bendiciones de la Palabra de Dios ve usted en estos versículos?

b. ¿De qué manera se deleita el salmista en la Palabra de Dios?

8. ¿Cómo la lectura y el estudio regular de la Palabra de Dios nos ayuda en nuestro elevado propósito de glorificar y disfrutar a Dios?

9. Cuando reflexiona en su estudio de esta semana, ¿qué es lo que más la ayuda en su rol de madre?

Semana 3: Confíele su hijo al Señor

Para romper el hielo: En tres oraciones o menos, describa un consejo sobre la crianza de los hijos que haya sido una bendición en su vida.

Pregunta inicial: ¿Trata usted a la oración como su volante o como su rueda de repuesto? ¿Cuál es la diferencia entre ambos enfoques de la oración?

1. Lea el Salmo 86.
   a. ¿Qué podemos aprender en este salmo sobre David y sus circunstancias?
   b. ¿Qué podemos aprender de Dios? ¿Qué podemos aprender sobre la oración en este pasaje?
2. Lea Mateo 6:9–15.
   a. ¿Por qué es significativo que Jesús haya enseñado a sus discípulos a orar?
   b. ¿Cuáles aspectos de esta oración desearía usted incorporar a sus propias oraciones?
3. Vuelva a leer las oraciones de Pablo en el día 3.
   a. ¿Qué podemos comprender de las oraciones de Pablo?
   b. ¿Qué cosas puede observar en las oraciones de Pablo que le gustaría incorporar en sus oraciones para sus hijos?
   c. ¿Cuál de estas oraciones es su favorita? ¿Por qué?
4. ¿Cuáles son algunas de las formas en las que podemos orar en nuestros hogares? Comparta una de las formas en las que su familia ora unida.
5. ¿Cómo ha visto que la oración haya marcado una diferencia en su vida? Describa una oportunidad en la que no haya tenido idea de que hacer y se haya vuelto al Señor en oración. ¿Qué pasó después?
6. Lea Filipenses 4:6–7. ¿Cómo este pasaje en particular se aplica a nosotros como madres?
7. ¿Por qué es tan importante incluir la acción de gracias en nuestras oraciones?
8. Describa una situación en la que sintió la que la paz de Dios resguardó su corazón y su mente a través de la oración.

9. ¿De qué maneras podría tratar de orar en su día con más frecuencia?

10. ¿Cuáles beneficios de la oración ha experimentado en su vida? ¿Cómo ha visto que esto haya marcado una diferencia en su perspectiva y su actitud?

11. Al reflexionar en su estudio de esta semana, ¿qué es lo que más le ayuda en su rol de madre?

Semana 4: Poner su hogar en orden

Para romper el hielo: Si usted tuviera una hora libre, ¿qué haría para divertirse?

Pregunta inicial: Piense en sus años como madre. ¿En qué situaciones, mayormente, la llevan a decirles "ten cuidado" a sus hijos?

1. Lea Efesios 5:15–6:4.
   a. ¿Contra qué nos advierten los versículos 17 y 18? ¿Qué estimula este pasaje?
   b. Pablo les dio instrucciones distintas a las esposas y a los esposos. ¿Qué les pidió que hicieran? ¿Qué hace que ambas sean difíciles?
   c. ¿Por qué es importante que trabajemos en nuestro matrimonio durante la crianza de los hijos?
   d. ¿Por qué es importante para nuestros hijos aprender a obedecer a sus padres?
   e. ¿Cómo resumiría la exhortación que hace Pablo en este pasaje?

2. Lea Tito 2:3–5.
   a. ¿Qué cosas deben enseñarles las ancianas a las jóvenes?
   b. ¿Por qué cree que las mujeres jóvenes deben ser instruidas sobre cómo amar a sus esposos y a sus hijos? ¿Cómo pueden las mujeres no amar a sus esposos? ¿Cómo pueden no amar a sus hijos? ¿De qué maneras podemos mostrar activamente amor por nuestro esposo y nuestros hijos?
   c. ¿Por qué el dominio propio, la pureza y la amabilidad son particularmente importantes para una esposa y madre? ¿Cuál de estas características (dominio propio, pureza o

amabilidad) le es más difícil de mostrar? ¿Cómo afecta
esto a su familia?

3. Lea Proverbios 31:10–31.

a. ¿Qué podemos aprender de la relación de esta mujer con
el Señor?

b. ¿De qué manera ella se preocupa por su familia?

c. ¿Cómo ella se preocupa por su comunidad?

d. ¿Qué podemos apreciar en su uso del tiempo y el dinero?

4. ¿Cuáles cree usted que son, actualmente, las actividades que
más nos hacen perder el tiempo en nuestra sociedad?

5. ¿En qué cosa se dio cuenta esta semana de que necesita invertir más tiempo para realizar? ¿En qué cosa menos tiempo?

6. ¿Cuáles son algunas maneras especiales en las que usted trata
de tener tiempo para su esposo? ¿Y para sus hijos?

7. Al reflexionar en su estudio de esta semana, ¿qué es lo que
más la ayuda en su rol de madre?

Semana 5: Reflejando el corazón de Dios

Para romper el hielo: ¿Cuál es su canción romántica favorita?

Pregunta inicial: Piense en el mes pasado. ¿Puede compartir con el
grupo algo que otra persona haya hecho que la hiciera sentir a usted
amada y cuidada? ¿Algo que usted hizo para amar a otra persona?

1. Lea el Salmo 86:5, 13, 15.

a. ¿Qué podemos aprender del amor de Dios en este pasaje?

b. ¿De qué manera el amor de Dios en el Antiguo Testamento es el mismo que en el Nuevo Testamento? ¿Le
sorprende esto? ¿Por qué?

2. Lea Romanos 8:31–39.

a. ¿Qué podemos aprender del amor de Cristo en este
pasaje?

b. ¿Cómo el amor de Dios se diferencia del amor que podemos compartir entre nosotros?

3. Lea Mateo 22:34–40.

a. ¿Cómo respondemos ante el amor de Dios?

b. Piense en los Diez Mandamientos. ¿Cómo son resu-
midos en las órdenes de "amar a Dios" y "amarnos unos
a otros"?

c. Estas dos órdenes parecen sencillas, pero ¿qué obstáculos nos dificultan amar a Dios y a los demás?

4. Lea Mateo 10:37–39.

a. ¿Por qué el amor por nuestra familia se puede convertir en idolatría?

b. ¿Cuáles son las consecuencias de que los hijos se vuelvan el centro del hogar? ¿De qué manera vemos esta tendencia en nuestra sociedad actual? ¿Cómo lucha usted contra esto en su propio hogar?

5. Lea Hebreos 13:5.

a. ¿Qué se nos advierte en este pasaje?

b. ¿Cómo el amor hacia el dinero o las posesiones materiales interfiere en nuestro amor hacia Dios? ¿Cómo esto puede distraernos de amar bien a nuestras familias?

6. Lea 1 Corintios 13:4–7.

a. ¿Cuál de estas descripciones del amor la anima particularmente?

b. ¿De qué manera específica este pasaje la ayuda a amar mejor a su familia?

7. Lea Colosenses 3:12–14.

a. ¿Por qué y cómo debemos revestirnos?

b. ¿De qué maneras puede usted enseñar las verdades de este versículo a su familia? ¿Cómo vivir de esta manera podría ayudar a prevenir los desacuerdos?

8. ¿Qué ideas tiene para fomentar el amor entre los miembros de su familia?

9. Al reflexionar en su estudio de esta semana, ¿qué es lo que más le ayuda en su rol de madre?

Semana 6: Aliente un espíritu agradecido

Para romper el hielo: ¿Cuál es su comida favorita del Día de Acción de Gracias?

Pregunta inicial: Peter Pan necesitaba tener pensamientos felices para poder volar. ¿Qué pensamiento o recuerdo feliz siempre le produce alegría?

1. ¿Qué dice nuestro mundo que nos dará alegría?

2. ¿Cuál es la diferencia entre el gozo y la felicidad?

3. Lea el Salmo 28:7 y el Salmo 19:8.

   a. ¿En dónde nos animan estos pasajes a encontrar alegría?

   b. ¿Puede usted pensar en una oportunidad en la que el Señor le dio fortaleza? ¿Cómo esto le produjo alegría?

   c. Si puede, describa una oportunidad en la que la Palabra de Dios trajo alegría a su corazón.

4. Lea Lucas 10:17–20.

   a. ¿Por qué estaban contentos los discípulos?

   b. ¿De qué los exhortó Jesús a alegrarse? ¿Por qué piensa usted que Él estimula su alegría de esta forma?

5. Lea Hechos 16:34.

   a. Cuándo adoptó la fe, ¿sintió usted una gran alegría? ¿Cómo ha visto usted esa alegría en los demás cuando adoptan la fe?

   b. ¿Cómo podemos alentar a nuestros hijos a encontrar la alegría en el Señor y su salvación?

6. Lea 2 Corintios 7:4–7.

   a. ¿Cómo la comunión con otros nos produce bienestar y alegría?

   b. ¿Ha experimentado usted alegría cuando otros cristianos la atienden y se preocupan por usted?

7. Lea Habacuc 3:17–19.

   a. ¿Cómo pudo Habacuc regocijarse incluso cuando su ciudad y su hogar iban a ser destruidos?

   b. ¿Cuáles desafíos de la maternidad le resultan más difíciles hoy? ¿Cómo mantenerse enfocada en esto le evita sentirse alegre?

8. Lea Filipenses 2:14–18 y 4:8.

   a. ¿Por qué lo que pensamos afecta las cosas que decimos?

   b. ¿Hay algo meritorio en su vida que pueda compartir con los demás?

9. ¿Qué cosas puede hacer para que haya más oportunidades de ser agradecidos en su hogar?

10. ¿Ha visto usted que la acción de gracias la conduce a experimentar júbilo?

11. Al reflexionar en su estudio de esta semana, ¿qué es lo que más le ayuda en su rol de madre?

Semana 7: Luche contra la ansiedad y la preocupación

Para romper el hielo: ¿A qué cosa le tiene miedo usted? (Por ejemplo, a las alturas, a las arañas, a volar en avión, etc.).

Pregunta inicial: ¿Qué le produce un sentimiento de paz? Puede ser un lugar, una persona o un objeto, ¡o quizá algo tan sencillo como tener toda la ropa limpia!

1. Lea Efesios 2:14–18.
   a. ¿Qué metáfora es utilizada en este pasaje para explicar nuestra relación con Dios?
   b. ¿Cómo Cristo trajo paz? ¿Cómo esta paz nos trajo beneficios?
2. Lea Juan 16:33.
   a. ¿Qué nos dice Jesús acerca de este mundo? ¿En qué se diferencia esto al "sueño americano" que esperamos vivir?
   b. ¿Qué significa encontrar nuestra paz en Jesús? ¿Cómo hacemos esto?
3. Lea Romanos 8:6. Describa una oportunidad en la que el pecado le arrebató la alegría y la paz, u ocasionó discordia entre sus hijos.
4. Lea el Salmo 34:11–14.
   a. ¿De qué manera nuestras palabras pueden impedir que nuestro hogar se llene de paz?
   b. ¿Cómo podemos fomentar la paz con nuestras palabras?
5. Lea Hebreos 12:10–11.
   a. ¿Por qué Dios disciplina a sus hijos?
   b. Mencione un ejemplo de cómo la disciplina ha traído paz a su vida o a la de sus hijos.
6. Lea Mateo 6:24–34.
   a. ¿Cuáles motivos de preocupación mencionó Jesús en este pasaje?
   b. ¿Por qué Él nos dijo que no nos preocupáramos por ello?
   c. ¿Qué efectos cree usted que produce en los niños crecer en un hogar lleno de ansiedad y preocupación?
   d. ¿Qué es lo que más le preocupa en relación con sus hijos?

e. En lugar de preocuparnos, ¿qué nos dice Jesús que debemos hacer?

7. Dé ejemplos de maneras saludables de lidiar con nuestra ansiedad y preocupación. ¿Cuáles maneras no son saludables?

8. ¿Por qué la preocupación es un indicativo de nuestro nivel de confianza en el Señor? ¿Por qué nuestra ansiedad puede ser un tipo de orgullo?

9. Lea Filipenses 4:4–9.

   a. ¿Qué respuestas nos sugiere este pasaje para poder lidiar con nuestra ansiedad?

   b. ¿Por qué somos tan lentos para acudir al Señor y entregarle nuestras preocupaciones en oración?

   c. Describa una oportunidad en la que entregó sus preocupaciones a Dios y experimentó una profunda sensación de paz.

   d. ¿De qué manera programar nuestras mentes en todo lo que es verdadero, noble, correcto y encomiable nos ayuda a combatir la ansiedad?

10. Al reflexionar en su estudio de esta semana, ¿qué es lo que más la ayuda en su rol de madre?

Semana 8: Abandone la hostilidad y la rabia

Para romper el hielo: ¿Qué cosa usted no soporta?
Pregunta inicial: ¿Cuándo fue la última vez que aprendió algo nuevo? ¿Quién se lo enseñó? ¿Fue paciente? ¿Amable?

1. Cuando piensa en su día, ¿en qué situaciones suele impacientarse? ¿Cómo suele reaccionar?

2. Lea Nehemías 9:29–31.

   a. ¿Cómo se describe al pueblo de Dios en este pasaje?

   b. ¿De qué forma la paciencia de Dios hacia ellos es tanto activa como pasiva?

   c. Diferenciemos las respuestas pacientes de las impacientes hacia la desobediencia de nuestros hijos.

   d. Describa una oportunidad en la que usted pacientemente "desobstinó" la obstinación de su hijo.

3. Lea Proverbios 15:18 y Santiago 1:19–20.

   a. ¿En qué se relaciona la paciencia con el enojo?

b. ¿En qué momento del día se molesta usted más? ¿Cómo reacciona?

4. Lea Efesios 4:1–2.

a. ¿Cuál es la relación entre la humildad y la paciencia? ¿Y entre el orgullo y el enojo?

b. ¿En qué nuestra paciencia refleja la paciencia del Señor para con nosotros?

5. ¿Por qué cree usted que las dos primeras descripciones del amor en 1 Corintios 13 son: "El amor es paciente, es bondadoso"? ¿Por qué ambos atributos son tan cruciales para amar bien a los demás?

6. Lea Oseas 11:1–4.

a. ¿Cuál descripción paternal de Dios podemos encontrar en este pasaje?

b. ¿Cómo nos ayuda este pasaje como madres?

7. Lea 2 Samuel 4:4; 9:1–13.

a. ¿Por qué cree usted que Mefiboset pudo haber tenido miedo cuando el rey le pidió verlo?

b. ¿Por qué David mostró bondad hacia Mefiboset? ¿De qué manera en específico mostró David su bondad?

c. ¿En qué es esto una ilustración de la bondad de Dios hacia nosotros?

8. ¿En qué están relacionadas la paciencia y la bondad? Cuando perdemos la paciencia, ¿cómo afecta a nuestra bondad?

9. Al reflexionar en su estudio de esta semana, ¿qué es lo que más la ayuda en su rol de madre?

Semana 9: Prepare los corazones a través de la disciplina

Para romper el hielo: Si las capturaran con las manos en el frasco de las galletas, ¿qué tipo de galleta estarían tratando de agarrar?

Pregunta inicial: ¿Puede pensar en una oportunidad, cuando era niña, en la que la capturaron haciendo algo malo? ¿Qué pasó?

1. Reflexione en el ejemplo del violín que se menciona en el día 1. Mencione algo que le haya tomado años de disciplina y práctica para aprender a hacerlo bien.

2. Lea el Salmo 34:8.

   a. ¿Por qué cree que el salmista dijo "prueben y vean que el Señor es bueno"?

   b. ¿Qué queremos decir cuando decimos que Dios es bueno?

   c. ¿En qué se diferencia la bondad de Dios de nuestra bondad?

3. Lea 1 Timoteo 5:9–10 y Efesios 2:8–10.

   a. ¿Cuáles son algunas de las obras de Dios que se enumeran? ¿Qué buenas acciones ve usted en los demás cuando sirven a su comunidad?

   b. ¿Cuál es el propósito de nuestras buenas acciones?

   c. ¿Por qué no debe haber espacio para jactarnos cuando hacemos algo bueno?

   d. ¿Cuáles son algunas formas de alentar a sus hijos a servir a los demás?

4. ¿Qué queremos decir cuando decimos que Dios es fiel?

5. Vuelva a pensar en la parábola de los talentos que leyó esta semana en Mateo 25:14–30. ¿Qué tipo de fidelidad complace a Dios?

6. Lea Hebreos 12:7–11.

   a. ¿Por qué la disciplina del Señor hacia nosotros es algo bueno?

   b. ¿Cómo ha presenciado la disciplina del Señor en su vida? ¿Cómo esto le ha generado paz y virtud?

7. Thomas Brooks advierte: "El primer mecanismo de Satanás para hundir nuestras almas en el pecado, es presentar la carnada y ocultar el anzuelo; presentar la copa de oro y ocultar el veneno". ¿En qué forma ha visto usted que esto es verdad? Piense en los pecados contra los que ha estado luchando. ¿Cómo le han presentado la carnada, y cómo cambió su perspectiva después de haber caído en la tentación?

8. ¿Por qué nuestros hijos necesitan de nuestra instrucción y enseñanza, así como de nuestra disciplina y corrección? ¿Qué pasaría en un hogar carente de instrucción positiva?

9. Vuelva a leer los cinco proverbios del día 4. ¿Qué advertencias se mencionan en esos pasajes? ¿Cuál la convence de su pecado?

10. Al reflexionar en su estudio de esta semana, ¿qué es lo que más la ayuda en su rol de madre?

Semana 10: Guíe de manera consagrada por medio del ejemplo

Para romper el hielo: ¿Con qué tipo de golosina le cuesta más controlarse?

Pregunta inicial: Piense en varios tipos de trabajos y profesiones. ¿Cuáles diría usted que requieren de una buena dosis de autocontrol? ¿Cuáles diría que requieren de apacibilidad?

1. Lea Isaías 40:11 y Mateo 28–29.
   a. ¿De qué manera en particular estos dos versículos son de gran ayuda para las mamás?
   b. ¿Piensa usted frecuentemente en Dios como un Dios apacible? ¿Por qué?
2. Lea 2 Timoteo 2:24–26.
   a. ¿Por qué es importante que nuestros líderes nos instruyan en la apacibilidad?
   b. ¿Por qué es importante para nosotros como madres enseñar a nuestros hijos con paciencia?
   c. ¿Por qué la humildad es un componente fundamental de la apacibilidad?
3. Piense de nuevo en la tentación de Jesús en el desierto. ¿Qué podemos aprender de su ejemplo de dominio propio?
4. Lea 1 Pedro 1:13–16.
   a. ¿De qué maneras podemos preparar nuestras mentes para actuar?
   b. ¿Cómo se nos anima a buscar la santidad en este pasaje?
   c. ¿En qué pone usted normalmente su esperanza? ¿En qué nos dice este pasaje que debemos poner nuestra esperanza?
5. Lea 2 Pedro 1:3–8.
   a. ¿Qué promesas alentadoras encontramos en este pasaje?
   b. ¿Por qué el dominio propio requiere bondad, apacibilidad y amor? Si una madre posee un gran dominio propio, pero carece de bondad y apacibilidad, ¿qué suele ocurrir?
6. Lea 1 Pedro 3:3–5.

    a. ¿Cómo nos ayuda este pasaje en un mundo que hace tanto énfasis en la belleza exterior?

    b. ¿Qué significa tener un espíritu suave y apacible?

7. Lea Efesios 5:1–7, 15–20.

    a. Este pasaje anima a ejercer autocontrol en la sexualidad, el manejo del dinero, al hablar y en el consumo de alcohol. ¿Qué evidencia ha visto en nuestra cultura que muestren carencia de dominio propio en estas áreas?

    b. ¿De qué manera le puede enseñar a sus hijos a ejercer autocontrol en esas áreas?

    c. ¿En qué aspecto de la crianza de su hijo está usted más preocupada hoy? ¿Cómo puede abordar esa preocupación?

8. ¿Por qué es tan importante que en nuestros hogares haya dominio propio y apacibilidad? ¿Qué pasa cuando alguno de estos no existe?

9. Al reflexionar en su estudio de esta semana, ¿qué es lo que más la ayuda en su rol de madre?

Semana 11: Recupérese del Síndrome de la Mamá Perfecta

Para romper el hielo: ¿Cuál es el regalo favorito que ha recibido o que ha dado?

Pregunta inicial: ¿Qué imagen le viene a la mente cuando piensa en una mujer compasiva?

1. ¿Cómo describiría su imagen de la mamá perfecta?

2. Lea Romanos 3:21–28.

    a. ¿Cómo Dios hace justa a una persona?

    b. ¿De qué manera esta verdad la ayuda como madre?

3. ¿Cómo podemos internamente (o externamente) volvernos orgullosas o presumidas en nuestra maternidad? ¿En qué aspectos solemos ser críticas entre nosotras?

4. Primera de Corintios 4:7 dice: "¿Quién te distingue de los demás? ¿Qué tienes que no hayas recibido? Y si lo recibiste, ¿por qué presumes como si no te lo hubieran dado?". ¿Por qué la gracia no permite que tengamos lugar para la jactancia?

5. ¿Por qué tanto nuestros éxitos como nuestros fracasos durante la maternidad son motivos de alabanza a Dios?

6. Lea Hebreos 4:14–16.

   a. ¿Por qué Jesús es compasivo con nosotros?

   b. ¿Cómo este ejemplo la ayuda a ser más compasiva con sus hijos cuando ellos están luchando contra el pecado?

7. ¿Por qué es importante que enseñemos a nuestros hijos qué hacer cuando pecan? ¿Qué deberíamos enseñarles?

8. Piense nuevamente en la historia del siervo malvado de Mateo 18:23–35.

   a. ¿En qué nos parecemos al siervo malvado cuándo no somos compasivos con los demás?

   b. ¿Le resulta difícil ser compasiva con sus hijos? ¿Por qué?

9. Lea 2 Corintios 9:8–15.

   a. ¿Qué promesa alentadora encontramos en este pasaje?

   b. ¿De qué manera la sobreabundancia de misericordia bendice a los demás y glorifica a Dios?

   c. ¿En qué aspectos necesita creer que Dios puede hacer que toda la gracia abunde para usted?

10. Al reflexionar en su estudio de esta semana, ¿qué es lo que más la ayuda en su rol de madre?

Notas

1. Elisabeth Elliot, *The Shaping of a Christian Family* (Nashville: Thomas Nelson, 1992), p. 98.

2. El Catecismo de Westminster forma parte de la *Confesión de fe de Westminster*, un documento escrito durante el transcurso de seis años (desde julio de 1643 a febrero de 1649) por 120 eruditos bíblicos, con el propósito de desarrollar una guía de creencias para la Iglesia.

3. John James, *Female Piety* (Morgan, PA: Soli Deo Gloria Publications, 1995), p. 322.

4. James, *Female Piety*, p. 344.

5. Samuel Bagster, *Luz diaria para el camino diario* (El Paso, TX: Editorial Mundo Hispano, 1983). *Luz diaria* es una colección de seis o siete versículos para cada mañana y cada noche, generalmente dedicados a un tema particular. Estos textos fueron compilados por la familia Bagster a principios del siglo XIX, y aún se encuentran disponibles en la internet y en formato impreso. Es un recurso maravilloso para las madres ocupadas.

6. James, *Female Piety*, p. 340.

7. W. H. Lewis, ed., *Letters of C. S. Lewis* (Nueva York: Harcourt, Brace & World, 1966), p. 262.

8. Lewis, *Letters of C. S. Lewis*, p. 248.

9. James, *Female Piety*, p. 316.

10. Richard Rushing, ed., *Voices from the Past* (Edimburgo: Banner of Truth Trust, 2009), p. 281.

11. James, *Female Piety*, p. 363.

12. Ann Voskamp, *One Thousand Gifts* (Grand Rapids, MI: Zondervan, 2010), p. 176.

13. Richard Baxter, citado en *Voices from the Past*, p. 138.

14. Elizabeth George, *A Woman's Walk with God* (Eugene, OR: Harvest House, 2000), p. 92.

15. Oxford University Press Online, s.v. "patience", www .oxforddictionaries.com/us/definition/american_english/patience.

16. Thomas Brooks, *Precious Remedies Against Satan's Devices* (Lexington, KY: Feather Trail, 2010), p. 15.